しあわせ学習法

9フレーム

「勉強が大変…」な、あなたへ

今から、一週間後

今のあなたがびっくりするくらい、その勉強が楽しくなっています。
そして、毎日の生活が、幸せでワクワクするものに変わっています。

全ては、この『9フレーム』を楽しく実践するだけです。

資格の大原　中の人

目次

コラム

プロローグ

『9フレーム』は、楽しく効果的に学習するツール

「勉強しなきゃいけないのはわかっているが、やる気が出ない」

「勉強しているのに、点数が伸びない」

という悩みを抱えた受験生の皆さま、お待たせいたしました。

『9フレーム』の世界へようこそ！

あなたは、いよいよ、これまでの勉強、そして人生そのものを大きく変える扉の前

まで来ました。さあ、一緒に次の一歩を踏み出していきましょう。

ところで、この『9フレーム』を身につけたら、いったい何が起きるのでしょうか？

それは……学習が楽しくなります。毎日の生活が楽しくなります。そして、学習などの行動が効果的に結果につながり、ますます楽しくなってきます。

もちろん、本書を読んだその瞬間から、ガラッと人生が変わるような魔法ではありません。これから紹介する内容を実践することにより、少しずつ確実な変化として現れ、三日も経てば、何もない普通の日でも、「あれっ？　何か楽しくなってきたな……」と実感し始めます。そうなれば、しめたもの。どんどん自分が変わっていくことに驚くとともに、喜びを感じることでしょう。

『9フレーム』は、筆者である私（資格の大原　中の人）だけではなく、これまで多くの受験生が実践して合格を手にしてきた確かな方法論です。

あなたも、ぜひ、この楽しさと効果を味わってください。「勉強が楽しい！」「自分の成長が楽しい！」という感覚は本当に格別なものです。日々の生活を幸せにしてくれます。私も現在、ご飯を食べる時間ももったいなくて、食事中もテキストを開いています。ムリに頑張っているのではなく、ただ楽しいのです。楽しいから、誘惑に負けて勉強してしまうのです。

ここで、「なーんだ、勉強が好きな人か……」と思わないでください。もともと私は、『9フレーム』を考案する一〇年ほど前までは、大の勉強嫌いでした。

ただそのとき、「入りたい大学がある」「やりたい仕事がある」「なりたい自分がいる」ということで、勉強をしなきゃいけない……残念ながら、勉強をしなきゃいけない……境遇でした。

そのため、私は、日々「気合い」で何とか勉強していました。ほぼ毎日のことでしたが、どうしてもやる気が起きないので、

自分の顔面にグーパンチの連打！

壁をガンガンに殴る！

自分のスネを木の棒でビシビシ叩く！

という荒行で、強烈な痛みとともに気合いを高めて、何とか勉強を続けていました。勉強は苦痛以外の何物でもありませんでした。

そして、そうまでして心を奮い立たせて勉強を始めても、長続きがしません。短いときは数分、長くても当日限り……。やはりまた、朝寝坊したり、ダラダラしたり、マンガを読んだり、テレビを見たり……。そして、「何やってるんだろう、俺……」という激しい自己嫌悪。毎日、毎日、自己嫌悪。

そんな数年間の受験生活を送りながら……

とある一日。

いつも通り、仕事が終わって、ご飯を食べて、お風呂に入って、ダラダラしてしまい、自己嫌悪におちいりながら気合いで勉強を始めました。ところがやはり、一時間もしないうちに「あー、今日はもうダメだ。仕事で疲れているからムリだ。もう寝よう……」と寝床に就くのですが、近くに置いてあったマンガの本が気になり、読み始めました。まあ、いつもの流れでしたが。そして、次の巻、次の巻……次のマンガ……。

「ふー、疲れた。寝よう」と思ったのは、その三時間後。

「あー、何やってるんだろう俺……」

「勉強で疲れて寝ようと思ったのに、三時間もマンガを読んでる……」

「マンガを読むのと同じくらい楽しく勉強できたら、試験なんて簡単に合格できるんだろうなあ……ん?」

「マンガを読むのと同じくらい楽しく勉強しよう」

何故か、そのとき、決意をしました。

それから、心理学や脳科学、成功哲学、学習法、自己啓発等の本を読み漁りながら、**自分の心の動きを徹底的に観察する生活**が始まりました。そこに書いてあることは、とにかくまず実践しながら、やり易いもの、効果の高いものに絞り込み、そして多くの受験生にも実践してもらいながら、その効果の検証を続けていきました。

そして、それらの効果も徐々に出てきたときに、自分で学習法の本を出版しようと思い立ちます。まずは私自身が、著者としての肩書きを付けるために、三〇個の資格を取得しようと考え、その後三年間で、実際に三〇個の資格を取得しました。この三年間は、ある資格の本試験を受験した帰り道に本屋に立ち寄って、帰りの電車の中で次の資格試験の勉強を始める、という生活が続きました。

勉強が軌道に乗るに従って、仕事もどんどん楽しくなり、そして、生きているだけで幸せな気持ちになってきました。ときには、様々な生活の場面で、心が折れそうになるほどの出来事にも遭遇しましたが、芽ばえ始めた『9フレーム』によって、結果的にはうまくセルフコントロールができました。

このように、私自身が実践をしながら、講師として、チューターとして、公務員・行政書士・宅建士・社労士・診断士・FP・簿記等、多くの受験生に『9フレーム』

に基づく学習方法を伝えて実践してもらい、その状況を確認しながら、さらに練り上げていきました。

始めてすぐに、勉強に対する苦痛が緩和したり、学習の効果が出やすくなったり、さらには、勉強が楽しくてしょうがない、といった受験生がどんどん増えてきました。

このようなプロセスを経て、私自身、講師歴二〇年、かつ、本格的に学習法の研究を始めて一〇年の節目に、これまでに練り上げた方法の数々を体系化して、3×3の9つの枠組みにまとめ上げ、『9フレーム』と命名して世に送り出すことになりました。

私は、テキストを二回、三回読んだだけで覚えられるような天才ではなく、何事にもめげない強靭な精神力のカケラもありません。もともと『9フレーム』は、勉強の天才でもなく、強靭な精神力もない、そんな私自身のために考案した、敗者の一発逆転法のような学習法です。「好きこそものの上手なれ」戦略です。

そのため、学習において天才肌の受験生、強靭な精神力を持つ受験生には、特におススメしていません。ただそれでも、『9フレーム』を実践することによる、学習の楽しさ、生活の充実感、といった何物にも替え難い効果を得ることは、大きなメリットになるでしょう。

勉強しているだけで、こんなにも楽しい。
仕事もプライベートも、どんどん楽しくなってくる。

この感覚を、一人でも多くの受験生に味わってもらいたい。心の底から、そう願っています。ぜひ、本書を繰り返し読んで、一つひとつ実践していきましょう。一日で激変することはありませんが、必ず、少しずつ変化が出てきます。

『9フレーム』について、知識を得ることは目的ではありません。それを身につけることが大切です。本書を一読した後も、折に触れて読み返し、一つひとつの内容が実践できているかどうか、自問自答しながら身につけていきましょう。

さあ、『9フレーム』で自分を変える決意を固めて、楽しく、効果的に、学習しましょう。何事においても、まずは決意するところから始まります。

楽しく実践

繰り返し何度も、

「『9フレーム』で自分は変わる、楽しく学習する」と決意する。

（決意と実践によって必ず変化する。でも、人間は忘れやすい動物。だから、本書を繰り返し読み、決意し、実践する。）

『9フレーム』は、他にも応用できる目標達成ツール

『9フレーム』は、もともと試験に合格するための学習法として考案したものです。

ところが、図らずも仕事、家事・育児、スポーツ、人間関係、ダイエット、禁煙……その他、人生のあらゆる大小の目標を達成する手段としても応用できることがわかってきました。

実際に、『9フレーム』を実践している受験生から、勉強はもちろん、仕事も楽しくなってきた、との感想をたくさんもらいます。『9フレーム』は、楽しく効果を出すためのツールですので、他の多くの目標にも応用できるのです。

一般に、学習法を考えるときには、勉強しているその時間にフォーカスして考えがちですが、私たちの生活は、決して勉強だけで成り立っているわけではないのですか

ら、学習時間も含めた生活全般について考察する必要があります。

スポーツ選手にあっても、練習の効果を大きく発揮するためには、その練習時間だけを切り取って考えても十分ではないはずです。朝起きるときから始まり、水分補給の仕方、食事の取り方、人間関係のあり方、寝る前のイメージトレーニングやメンタル面のケアなど、生活全般をメニューに取り込んで、練習の効果を高めているはずです。

これは、勉強についても同じなのです。学習の効果を高めるためには、その学習時間だけではなく、生活を丸ごと、自分という人間を丸ごと変えてしまうくらいの対策を行わない限り、効果を劇的にあげることはできません。

ぜひ、新しく生まれ変わる気持ちで楽しく取り組んでいきましょう。

勉強を、自分という体の外に置くのではなく、毎日の学習が、そのまま自分の血となり肉となるイメージです。この感覚を持てると、日々楽しく成長の実感を味わうことができます。

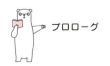

このように『９フレーム』での学習を進めていくと、生活の仕方、生き方、さらには自分という人間そのものに大きな変化が生じてくるのですから、その効果は、学習以外にも大きく広がります。『９フレーム』を実践しているときには、様々な目標を同時進行で達成するためのベースができているのです。

そして、試験の合格を含めて、ほとんどの目標は、これから紹介する「第2章　心を創る」を応用することで、十分に達成することができるでしょう。多くの目標を達成するのが心の力によるものであるように、多くの目標達成を阻害するのも心の力によるものです。そのため、目標達成に最適化された「心を創る」ことで、目標は、すでに八割、九割、達成したようなものなのです。

ちなみに、『９フレーム』の初めてのセミナーを実施する際に、その普遍的な効果を再検証するべく、私自身、二か月で八キロのダイエットを目標に設定し、その目標達成に最適化された「心を創る」ことで、楽しく目標を達成させることができました。

これを一つの応用例として伝えたところ、学習法のセミナーであるにもかかわらず、セミナー後の個別の質問や相談では、ダイエットの話題に興味津々の方がとても多いことに驚かされました。

そのため、「おまけ『9フレーム』応用編」において、『9フレーム』式ダイエットについて掲載しました。『9フレーム』の応用の仕方として、参考になるものと思います。

ぜひ、『9フレーム』を応用して、複数の目標を同時進行で達成していきましょう。

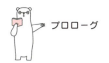

楽しく実践

「『9フレーム』で自分は変わる、楽しく〇〇する」と決意する。

『9フレーム』を実践して勉強しているときは、
仕事もプライベートも楽しくなる波及効果がある。
様々な目標を同時進行で達成するチャンスである。

『9フレーム』セミナーに参加しよう!

本書を繰り返し読んで、毎日コツコツと実践しながら『9フレーム』を身につけていけば、試験の合格を含めた様々な目標を、楽しく達成することができます。

さらに、『9フレーム』セミナーに参加すれば、同志の方々が集まるリアルな空気感を味わうことができ、ますます成長が加速することでしょう。

『9フレーム』セミナーの実施日時・場所については、ツイッターで紹介していますので、ぜひ、〝資格の大原〟ツイッターをフォローしておいてください。

「一人ひとりが楽しく成長して輝ける社会」を創る

これが、私の人生の夢です。

『9フレーム』を通して、社会を楽しく変えていくためのセミナーは、私にとっても、参加者にとっても、楽しく成長できる貴重な場です。多くの参加者の熱意に溢れています。ぜひ、この空気感を味わってください。

※『9フレーム』セミナーの実施につきましては、本書執筆時の情報です。事前の告知なく変更や廃止をする可能性もありますので、ご了承ください。

楽しく実践

（時間と場所の都合がよければ）

『9フレーム』セミナーに参加する。

前向きな空気感の中で、
前向きな仲間も増える。

「#9フレーム」でツイッターに投稿しよう!

私は現在、〝資格の大原〟で、『9フレーム』のコンセプトである「楽しく効果的に勉強する」を体現するべく、Cチームと呼ばれる部署で『時間の達人』というWEB映像教材の作成に携わっています。

また、〝資格の大原〟ツイッターを通して、受験生の皆様と楽しくコミュニケーションを取りながら、学習法についてのアドバイスなどもしています。

ぜひ、この後に記載するツイッターアカウントをフォローしておいてください。

そして、気軽に、「#9フレーム」のハッシュタグをつけてツイートしてみてください。私は、毎日「#9フレーム」を検索して、いいね・リツイートやコメント等をしています。もはや、生き甲斐となっています(笑)。

ここで、ツイートするときに大切なのは、そのときの自分にとって、できる限り前向きにツイートすることです。例えば、いまいちテンションが上がらないときに、「今日はテンション上がらず」とツイートすることによって、テンションが上がらない自分を脳が再認識して、そのイメージが固定してしまいます。ますますテンションが上がりません。そんなときには、「いまいちテンション低めだけど……さあ、ここからテンション上げていくぞ！」とツイートすることによって、テンションが上がってくる自分を脳が認識して、本当に、徐々にテンションが上がってくるのです。

まずは、「#9フレーム」でツイッター検索をしてみましょう。『9フレーム』を楽しく実践している受験生が発する、楽しく前向きなツイートで溢れています。読んでいるだけでも、自分の気持ちが高まってきます。こんなに前向きな実践の場は、そう多くはありません。ツイッターを使わないと、もったいない時代になりました。

楽しく実践

ツイッターのアカウントを作成して、

「#9フレーム」をつけて前向きに呟く。

社労士はコチラから

公務員はコチラから

他にも

資格の大原OO Twitter　検索

で検索してみてね

#9フレーム
#9フレーム
「#9フレーム」を
つけてくれると、嬉しいな。
自分を動かす前向きな
コトバをつぶやこう！

前向きな自分の発言を明確に認識して、
さらに前向きになることができる。
前向きなツイッター仲間も増える。

Nine Frame

第1章

なぜ今、『9フレーム』か？

01

『9フレーム』をおススメする理由

この章では、『9フレーム』をおススメする理由について紹介します。『9フレーム』を効果的に身につけるために、とても大切なポイントです。

『9フレーム』を実践して、どのような自分になるのか、をできる限り明確にイメージしたうえで、一つひとつの内容を実践していくことにより、その効果を飛躍的に高めることができるからです。

まずは、これから紹介する五つの理由を一〇〇%鵜呑みにして、各フレームの実践を行い、慣れてくるにつれて、自分なりの理想の自分をイメージして、自分なりの『9フレーム』を身につけていくことが有効です。

ちなみに、『9フレーム』に限らずに、何か新しいことを深く身につける場合には、まずは一〇〇%鵜呑みにするという心構えは、とても大切です。「素直な人は伸びる」とよく言われるゆえんです。最初から自分なりに判断してしまうと、その方法論のポイントを初めから外してしまった状態で、意図されている効果を期待できないまま実践に移行してしまうことにもなりかねません。最初のうちは基本に沿って忠実に繰り返しながら、徐々に自分なりのやり方で身につけていく、というイメージです。

本気で自分を変えるというときには、今の自分が受け入れられないものを受け入れる覚悟が必要です。今の自分の感覚で受け入れるか否かを判断してしまうと、結局のところ、今の自分の延長線上での成長に留まってしまいます。いわゆる飛躍的な成長にはつながりません。

ぜひ、『9フレーム』で、これまでとはまるで違った世界を味わい、そして、飛躍的な成長を遂げてください。

「苦労こそが美学だ」などとは思わずに、「何をするにしても、楽しいほうがいいよね」という明るい気持ちで進めていきましょう。

楽しく実践

まずは

『9フレーム』の考え方を鵜呑み

にして、楽しく勉強することをイメージする。

本書の内容がすんなりと入ってきて、
実践の効果が出やすくなる。慣れてきてから、
自分なりの『9フレーム』を探求する。

理由1 勝利のための犠牲を払わない

私は、以前どこかで見た「勝利のための犠牲を払え」という言葉が好きでした。正確には、好きというよりそういうものだと思い込んで、信じ切っていました。何かを得るためには、他の何かを犠牲にしなければならない、と。将来にいい思いをするためには、今はもがき苦しむしかない、と。特に日本人は、生まじめで勤勉な国民性のためか、苦労話が好きなところがあります。苦労そのものを美しいと考えるところがあります。

しかし、これからは、この考え方を改めなければなりません。

同じ目標を達成するのであれば、苦労して目標を達成する手段・方法よりも、楽しんで目標を達成する手段・方法のほうを、より優れていると考えるべきです。

確かに、これまでの時代であれば、大学受験や資格試験など、人生のうちのどこかで一度だけ徹底的に勉強し、その後は、終身雇用と年功序列の制度のもとで大過なく定年まで勤務すれば、退職後すぐに年金支給が始まり、老後の人生も安定していた時代でした。このような社会が続くのであれば、「勝利のための犠牲を払え」の精神で、人生の一時期を犠牲にして頑張り続ければ、その後は何とかなる、という考え方があってもいいかもしれません。

ところが、これからは、急激に社会の構造が変わってきます。人生百年時代が到来して、定年年齢がどんどん高くなり、年金の支給もどんどん先送りされ、かつ年金支給額も減少し続けるでしょう。そして、第四次産業革命ともいわれる、ＡＩやＩｏＴを始めとするテクノロジーの急激な進化の中で、大企業といえども数年先は見えない状況になっています。

このような時代を自分らしく生きていくためには、一人ひとりが、自分の人生そのものをシフトしていかなければなりません。時代に対するリテラシーを高く保って、自分らしく生き続けるためには、常に自分自身の知識、思考、スキルをアップデートしていくことが必要になります。

こうした時代においては、以前のような人生ひと山時代とは異なり、何度も何度も山を迎えることになりますので、「勝利のための犠牲を払え」の精神で臨むと、人生百年間を丸ごと犠牲にすることにもなりかねません。

そこで、私はこの『9フレーム』で、学習と成長のパラダイムシフトを図りたいのです。

「学習することが楽しい」「成長することが楽しい」と、目標達成のプロセス自体を日々楽しみ、さらに、それが「合格という成果につながって最高に楽しい」と、楽しいことづくめの人生を送ってもらいたいのです。そこに犠牲は必要なく、楽しいはずの勉強で、わざわざ苦労することはありません。

そう、人間は本来、学ぶことが好きであり、誰にでも知的好奇心があります。わからないことがわかるようになったら楽しいし、できないことができるようになったら楽しいでしょう。物事に興味を示さない赤ちゃんは、いません。「どうして？」「どうして？」と聞かない子どもは、いません。「あっ、そうか！」と、知識がつながったときの喜びは誰もが経験しているように、学ぶことは人間の喜びなのです。

誰の心の奥底にも存在している、この学びに対する欲望を、思いっきり掘り起こしていきましょう。

そして、人間が本来持っている、この学びに対する喜びを、素直に心で感じながら勉強するのが、『9フレーム』の手法です。

『9フレーム』を深く身につけると、学習自体が楽しくなって、ストレスを発散することが不要になります。むしろ、勉強することでストレスが発散できるようになるのです。また、息抜きも不要になります。体の疲れを取るときには、学習用端末の音声を流しながら首回りの軽いストレッチなどを行えば、長時間ひたすら勉強し続けることも可能となるのです。

楽しく実践

「苦労して成長する」というイメージを捨てて、

「楽しく成長する」と決意する。

「好きこそものの上手なれ」
の通りの、大きな効果が
得られる。

理由②　心と体の健康を保てる

『9フレーム』を考案する段階では、実は全く考えてもいませんでしたが、この学習法を身につけると、心も体も圧倒的に健康になるのです。

私は、小さい頃から、そして講師になってからも、些細なことで風邪を引きやすく、年に何回も風邪を引いていました。いわゆる季節の変わり目には、確実に風邪を引く、風邪の皆勤賞でした。

ところが、『9フレーム』を実践してから、ふと気がついたら、一〇年以上、一度も風邪を引いていません。今後も六〇年ほど風邪を引かない予定です（笑）。また、昔はよく病院に通い詰めたものですが、ここ一〇年以上、病気で病院に行ったことがありません。

また、私は小さい頃にアレルギーテストの注射を受けて、六、七種類のアレルギーの確認をしたのですが、その全てに激しく反応する超アレルギー体質でした。もちろん、花粉症のレベルも一流で、一日に一、二箱のティッシュを使うヘビーな症状でした。
ところが今では、この花粉症も完全に治りました。「花粉症って治るものなのか？」とよく聞かれますが、治りました。「どうやって治したのか？」と聞かれると、回答が長くなり過ぎるので、「気持ちの持ちようで治した」と答えていましたが、今後は、『9フレーム』で花粉症を治した」と答えることにします。

その他、全てにおいて、二〇年以上前の二十歳の頃よりも明らかに健康になっていますす。今でも、一日一日、さらに健康になっていくのを感じています。

同年代で集まって話をすると、「最近は体の調子が……」「若いときには風邪はすぐに治ったのに……」「年を取って記憶力が……」なんて話が飛び交いますが、正直なところ全くわかりません。

「二十歳の頃より健康になっています」

「二十歳の頃より記憶力が高まっています」

と言うと、会話が途切れてしまうので言い出しにくかったのですが、これからは、『9フレーム』健康法を普及させて、健康の輪を広げていこうと思います。

なぜ、『9フレーム』で、心も体も健康になれるのか？

私は専門家ではないので、推測の域を出ませんが、学習の効果を出しやすい脳の状態を意識して継続すると、健康にも良い影響が出るようです。

学習の効果をあげるために、怒りやイライラ、不安や焦りを消して、感謝の気持ちに満たされて勉強を始めることにしたところ、その心の平穏が、呼吸や脈拍、免疫、ホルモン分泌……に好影響を与え、健康体になることは容易に想像できます。

そして、風邪を引かずに健康体でいると、学習時間を確保しやすくなり、そして集中して勉強することもできます。

さらに、『9フレーム』を実践すると、ストレスで暴飲暴食をすることはなくなり、脳に良さそうなものを喜んで食べるようになるため、心も体も健康の好循環に入ります。

さあ、健康第一で、合格その他の目標を次々と達成していきましょう。

楽しく実践

自分の心と体と会話をしながら、

健康になっていく自分を素直に喜ぶ。

『9フレーム』を実践すると、ストレスが発生しにくく、発生しても発散しやすくなる。
目標達成のためには健康が第一。健康を喜ぶことで、さらに健康になる。

理由3 燃え尽きることがない

一生懸命に頑張って大学受験や資格試験に合格した場合、あまりにも「頑張った感」が強く、燃え尽きてしまうことが少なくありません。

その一時の努力と成果が、その人の人生のピークになってしまっているのです。「あのときは本当に頑張った。でも、もう一回やれと言われても、もうムリ」という状態です。

本当にもったいないですね。せっかく高い山に登って次の山にも登りやすいところにいるのですから、次のチャレンジをしてもらいたいと思います。それに、そのときに人生のピークを迎えてしまったというのは、残りの人生、あまりにも寂しくないでしょうか。過去の栄光で人生を生きていくのは、心の健全を保つことも難しくなりそうです。

『9フレーム』を身につけると、楽しみながら勉強を続けることができるので、燃え尽きるということがありません。毎日がワクワクですから、高い山を登り終えたら、もっと高い山に登りたくなります。楽しいから登り続けるのです。頑張って登るのではありません。

簿記3級を取得したら、2級・1級、税理士、公認会計士に挑みたくなる。または、法律にも興味が湧いてきて、宅建士、社労士、行政書士をやりたくなる。

勉強すればするほど、次の選択肢が広がり、また、様々な知識がつながり、ものの見方も変わります。新しい発想が生まれ、毎日の生活も充実したものとなってきます。

当然、今後の人生の選択肢もどんどん増えてきます。

「人生において最も楽しかったのはいつ？」と聞かれれば、いつも即答で「今」になります。そんな人生、ステキだと思いませんか？

楽しく実践

いつも現在の目標の次、その次の目標を考え、ワクワクする。

将来のビジョンが明確になり、現在の目標達成の可能性が高まる。

理由4 周囲の人を幸せにする

苦労を重ね、自分に鞭打ちながら勉強することこそ美学だ、と考えることは個人の自由ですが、一方、家族を始めとする周囲の人たちにとってはどうでしょう。

苦労をしながら頑張っているので、勉強しているときにはいつもしかめっ面でイライラしています。それをいつも見ている家族は幸せでしょうか。家族から家事を頼まれようものなら、「うるさい！　俺は今、勉強しているんだ！」と言わんばかりになり、「だったら、そんな勉強なんてしなくてもいいわ！」「何ぃぃ！」なんていう夫婦や親子の不和が絶えなくなりそうです。

自分の犠牲だけでなく、家族の犠牲のうえで勉強を続けることは困難ですし、学習の効果もあがりません。

『9フレーム』で学習するときは、マンガを読んでいるように、いつも笑顔です。本人も楽しいのですが、それを見ている家族も楽しいのです。今日の学習内容の「へー」

を家族と分かち合うことで、学習を起点とした会話の広がりも作ることができ、家族そろっての勉強というのもできそうです。

夫婦で勉強すると、お互いの理解・信頼関係も深まり、夫婦関係も円満になります。学習の効果が高まるのも目に見えていますね。

また、子どもが受験をするときには、親はぜひ何かしらの勉強を始めてはいかがでしょう。何もしていない親から言われる「勉強しなさい！」は、子どもにとっては、苦痛と反感しか生みません。「お父さん（お母さん）だって昔は勉強したんだ！」は、その苦痛と反感を強めるだけです。

昔ではなく今です、今。子どもと一緒に、学習の楽しさを分かち合いましょう。親が何かの勉強をすることで、お互いにわかり合えることが圧倒的に増えてきます。

さらに、夫婦や親子で『9フレーム』を身につければ、より円満な関係を築けることは間違いありません。

楽しく実践

「勉強させてもらっている」ことを、周囲に感謝する。

勉強しなければならないという義務感が消えて、効果の出やすい心理状態になる。家族や周囲との関係が良くなり、勉強が進む。

理由5 次世代に成長意欲を伝える

少子化による人口減少や国際競争力の低下で、我が国の相対的地位はどんどん下がっています。寂しいですね。

これからのＡＩ時代、そして第四次産業革命が本格化する中、私たち人間のするべき学習は、苦労を重ねてコツコツとするのではなく、ワクワクしながら楽しくぶっちぎっていく学習です。

人間がコツコツと行ってきたこれまでの定型的な苦労はＡＩが次々と代替してくれるので、私たちは、社会をより良くするために、ワクワクしながら考える学習をすることになります。もちろん、ベースとなる様々な知識や思考を身につけた上で、それらがつながり、新しい発想が生まれて、社会変革に貢献する、という学習です。

そのため、次の世代に「学習は楽しい」「成長は楽しい」ということを伝えていきたいのです。

もし子どもたちが、勉強はつまらない、勉強は大変だ、勉強は嫌いだ、と感じているのであれば、それは、学習の楽しさを伝えることができていない大人たちの責任でしょう。

子どもたちに学習の楽しさを伝えるためにも、まずは私たち大人が、歯を食いしばって眉間にしわを寄せて学習する姿ではなく、これから起きる社会の変化にワクワクしつつ、楽しんで学習している姿を次世代に見せていきたいものです。

楽しく実践

楽しく学習している自分を次世代に見せる。図書館や喫茶店でも、大人が楽しんで学習しているところを見せる。

最初はたとえ楽しんでいるふりでも、だんだん本当に楽しくなる。次世代のことも思考することによってワクワク感が高まる。

02

『9フレーム』の全体像

試験で合格点をたたき出すために必要なものは何か？

学習意欲（やる気）×学習時間×学習効率

以上の三つです。

学習意欲（やる気）を「心」、学習時間を「時」、学習効率を「技」、と三つの領域で表現し、それぞれを「土台創り」「創り込み」「仕上げ」と三段階に分けた、3×3のフレームが『9フレーム』になります。

九つの枠組みにより、目標の達成について思考するためのツールなのです。

大切なもの、ベースとなるものを、下から、かつ左から配置しています。

これらは、全体像とそれぞれの重要性の認識として大事ですが、

9フレーム

	土台創り	創り込み	仕上げ
技を創る	暗記	理解	記憶の喚起
時を創る	時間価値の尊重	学習時間の確保	計画・見える化
心を創る	セルフイメージ構築	達成ルート設定	日常的メンテナンス

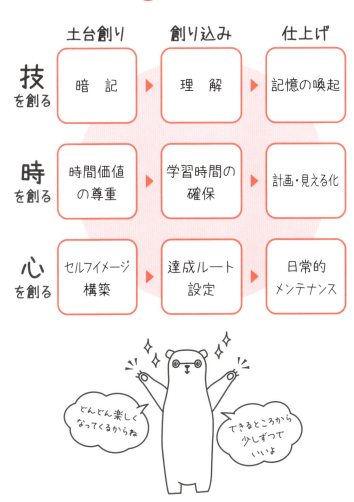

実際には、それぞれのフレームが同時進行する、というものです。ただし、力の入れ具合としては、まずは下から、つまり「心を創る」から始めましょう。

「技を創る」の部分が、いわゆる学習方法の領域ですが、「心」がしっかりと創られて、本当に楽しく学習することができれば、たとえ効率の悪い学習方法でも十分に合格できるはずです。

楽しく実践

「自分は『9フレーム』を実践している」と、折に触れて、

『9フレーム』というキーワードを出して自分に語りかける。

自分が利用しているツールを明確に意識することで、安心感が生まれ、その効果を高めることができる。

column

天才になり切って勉強する

「できないかも」と思って勉強するよりも「できる」と思って勉強するほうが学習効果は高まります。わからないところが出てきても面白がって次に進みましょう。そして、いちいち自分を褒めながら勉強しましょう。

Nine Frame

第2章

心を創る

Frame 0

「心を創る」ための3つのベース

心の重要性を知る

これまで見てきたように、『9フレーム』は表面的なテクニックとしての学習法ではなく、心から楽しんで勉強できるように自分自身を創り変えるという根っこからの学習法です。私自身、様々なテクニックを学んでいたときも、そもそもその勉強が手につかずに、苦しい思いをしてきました。

マンガを読むように楽しんで学習することができれば、たとえ効率の悪い学習法であっても、いわゆる難関と呼ばれる試験に合格することも十分に可能なのです。

そこで、楽しむ心を創るために、まずは「心」について見ていきましょう。

私は、人生の目的は「幸せ」な一生を送ることだと考えています。もし、死ぬ間際に自分の人生を振り返って、「ああ、自分のこの人生は本当に幸せだったなぁ」と思うことができれば、その人生は成功だと思います。どれだけの社会的地位を得たのか、どれだけの資産を残したのか……客観的に何をなしたのかは重要ではありません。他の誰が何を言おうと関係ありません。自分が、その人生を幸せだったと思えるかどうかが全てなのです。

そして、その幸せかどうかを判断するのは、まさに自分の「心」です。

ところが、その大切な心というものが、ほとんどの場合、現実世界に対して無防備なまま吹きさらしにされ、流されっぱなしになっているのです。

雨が降ったら暗い気持ちになる。明日から仕事だと思うと重い気持ちになる。ちょっとしたことで怒ったりイライラしたりする。人の目を気にして悩む。失敗して落ち込む。いつも流されっぱなしです。

だって、そうですよね。「なんか嫌だなぁ……」「仕事面倒くさいなぁ……」「自分はダメだなぁ……」というマイナスの気持ちになることを、あえて自分で選択する人はいないでしょう。

自分で選んだのではなく、そのようにさせられてしまったのです。つまり、自分の最も大切な心というものを、外からの力でマイナスに動かされてしまった結果なのです。

「あー、あのとき怒って、本当によかった！」とか、「イライラしたから、とてもうまくいった！」なんていう経験、聞いたこともありません。怒りやイライラでは、失敗こそすれ、成功は望めません。

外から心を動かされて、怒ってしまったのです。

外から心を動かされて、イライラしてしまったのです。

外から心を動かされて、不安になってしまったのです。
外から心を動かされて、焦ってしまったのです。

とても悲しいことです。自分の心が流されっぱなしのまま、大切な人生を終わらせたくないものです。

だからこそ、自分の心をどのように動かすのか、自分の意思で判断し、選択しなければなりません。目標を達成するために最適な方向に、自分で心を動かすのです。

雨が降ったら、「なんか嫌だなぁ……」と外から心をマイナスに動かされるのではなく、「やったー、恵みの雨だ！」と自分で心をプラスに動かす。

仕事が大変になったら、「仕事面倒くさいなぁ……」と外から心をマイナスに動かされるのではなく、「仕事があるってありがたい！」と自分で心をプラスに動かす。

問題演習で間違えたら、「自分はダメだなぁ……」と外から心をマイナスに動かされるのではなく、「自分の伸びしろ発見！」と自分で心をプラスに動かす。

この考え方は、外から心を動かされること自体を否定するものではありません。例えば、職場の上司や同僚から褒められて嬉しいときには、そのまま思いっきり喜ぶべきです。小説を読んで悲しくなれば、そのまま思いっきり泣くべきです。遊園地に行って楽しいときには、そのまま思いっきりはしゃぐべきです。

大切なことは、自分の心を常にプラスの状態に置いておくこと、マイナスの方向に動かないようにすること、マイナスの方向に動いてしまったときにはプラスの方向に戻すこと、です。

ただし、自分の心のコントロールは、そう簡単なことではありません。一〇〇%にはなりません。でも、すぐにできないからといって、自分を責めてはいけません。

意識して実践を続けていけば、必ず少しずつできるようになってきます。そして、一%でもより良くできるようになると、世界の見え方がずいぶんと変わってきて、楽しくなってきます。

まずは、今すぐ「怒る」のをやめるところからスタートです。

怒ることによって、脳の記憶中枢である海馬の機能が低下して、学習の効果が低減します。怒るだけでも、学習の効果が吹っ飛んでしまうのです。

その他、怒りのストレスによって、睡眠障害、肥満、鬱、高血圧、脳疾患、心疾患、呼吸器障害……健康を害する危険が高まります。また、内臓が荒れて、肌の荒れや老化につながります。美容の大敵です。さらに、人間関係を悪化させて、家庭の円満も保てず、仕事の結果も出せなくなります。まさに、百害あって一利なしです。どうでしょう。もう怒りたくなくなったのではありませんか。

私自身も、怒るのをやめる、と決意してから一〇年以上怒っていません。

もともとは、つまらない完璧主義で、イライラしやすく、落ち込みやすく、不平不満をいつも口にするような性格だったのですが、怒るということが、脳の学習機能を大きく損ねるということを知ってからは、『9フレーム』の実践を通して、九九%怒ることがなくなりました。

多分、その結果であろうと私自身は推測していますが、全く風邪を引かなくなり、花粉症も治り、その他いろいろあったアレルギーも治り、二〇代の頃よりも遥かに健康体になっています。

怒りなどのマイナスの感情が、どれだけ他人の心と体を傷つけ、そしてどれだけ自分の心と体も傷つけているのか、十分に認識するべきです。

ちなみに、「怒り」という感情が、学習効果を著しく阻害するというのは、こんなことを考えてみると明らかです。

例えば、めちゃめちゃ怒っている人がいるとします。その人に対して、一〇〇%の正論をぶつけてみても、「あーなるほど」となって怒りが収まるということはあり得ない。恐らく、その人はさらに自分の間違った考えに固執して、自分勝手な反論をするはずです。

つまり、怒っているときは、正しい情報を受け付けない脳の状態になっているのです。とすると、怒りやイライラを抱えた脳の状態で勉強をしても、学習効果が高まるはずがないということです。

もちろん、怒りの感情で本試験に臨んだ場合には、試験問題にもイライラしてしまって、出題の意図を汲み取ることができなくなります。出題の意図を把握するというのは、「相手の立場に立って考える」ということです。怒っている状態ではできません。自分勝手に問題文を読み込み、自分勝手に的外れな答えを出してしまいます。出題者からすると、「そこを聞いているわけではないのです……」となってしまいます。

そこで私は、学習効果の高い脳の状態を維持するために、怒りやイライラなどマイナスの感情をきっぱりと捨てて、心を「感謝」で満たすようにしました。感謝の気持ちは新しい情報を吸収しやすく、気付きを得やすい脳の状態を創ります。感謝しているときには「あー、空がこんなに青いなんて知らなかった」「こんな道端にきれいな花が」のように、情報の発見力・吸収力が抜群なのです。

そのため、「勉強ができるって、なんて幸せなんだ。本当にありがとう」の気持ちで教科書を読むと、「あー、だからこうなるんだ」「もしかして、こういうふうに考えられるんじゃないか」とどんどん知識を吸収し、どんどん知識がつながってきます。

やはり、効果的な勉強をするためには、心から創っていくことが必要なのです。

次から、本章のテーマである「心を創る」ための三つのベースを、以下の順に見ていきます。

①「自分の心を自分で動かす」決意をする

②「ありがとう」と「ワクワク」の心を持つ

③根拠のない自信を持つ

そのあとで、本書の骨格である9フレームのうち、フレーム1からフレーム3までをこの章で取り上げます。

楽しく実践

いつも自分の心と向かい合い、心の状態を意識する。

心の状態を意識することにより、勉強の効果を高める脳の状態にすることができる。

①「自分の心を自分で動かす」決意をする

心は、その人の人生の目的ともいえる幸不幸を決定するものでありながら、ふだんは、常に他人や外の出来事に動かされっぱなしです。自分の心なのに、自分で動かすのではなく、外から動かされています。

自分の心くらい、自分で動かしましょう。

これが『9フレーム』の核心です。

例えば、今、「温泉に入って、超気持ちいいー」という心の状態を思い浮かべてみてください。また、今、「試験に受かったー、やったー」という心の状態を思い浮かべてみてください。

ここで、温泉に入っているわけではないのでそんな気持ちにはなれない、まだ試験に受かったわけではないのでそんな気持ちにはなれない、というのが素直なところでしょう。でも、本当にそうでしょうか。

映画館に行って、宇宙人が襲来する映画を見たら恐怖を覚えませんか？ 主人公の仲間がやられてしまったら悲しくなりませんか？ 宇宙人を撃退したら安心しませんか？

これって、不思議なことです。

本当は宇宙人は襲来していません。ただの作り話です。仲間もやられていません。ただの俳優さんの演技です。一〇〇%わかっているはずです。でも、心が大きく動かされます。そう、人の心が動くのに、それが本当かウソかなんて関係ありません。ウソでも心は動かせます。それが単なる想像や妄想であっても、私たちは、今、温泉に入った気になれる、試験に受かった気になれるのです。

ちなみに、『9フレーム』を常に実践している私は、自宅で白いご飯を食べるだけでも、超高級レストランで食事をした気持ちになれてしまいます。自宅でシャワーを浴びるだけでも、富士山の見える露天風呂につかっている気持ちになれてしまいます。そのため、「超高級レストランで食事をしたい」とか「富士山の見える露天風呂につかりたい」という欲望がほとんどなくなってしまいました。特に何もなくても、いつでも、自分の心を自分で動かして、最高に幸せな気持ちになれてしまうのです。

さて、ここで、もう一度、目標を達成する、ということについて考えていきましょう。

なぜ、目標を達成するには困難が伴うのか。

もちろん様々な理由はありますが、その多くは、目標を達成するためのルートが心地良いものではなく、反対に、目標達成ルートから外れるルートが心地良く感じるからです。例えば、試験に合格するという目標を持っても、勉強することは苦痛であり、勉強から逃げて遊ぶことのほうが楽しい、ダイエットするという目標を持っても、食べたいケーキを我慢することは苦痛であり、ケーキを食べることのほうが楽しいのです。

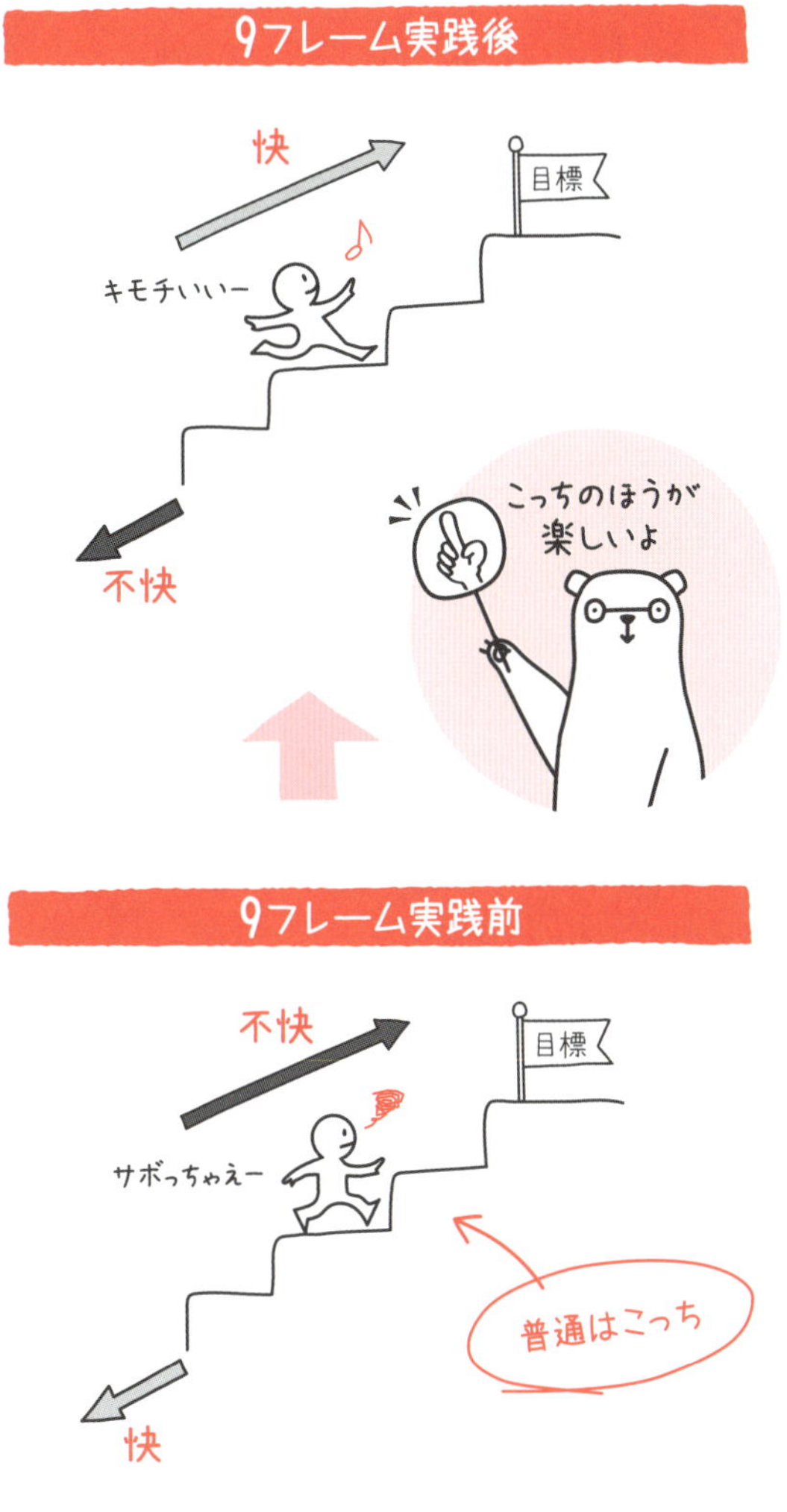
9フレーム実践後
快
目標
キモチいいー
不快
こっちのほうが
楽しいよ
9フレーム実践前
不快
目標
サボっちゃえー
普通はこっち
快

そこで、この心地良い「快」と居心地の悪い「不快」という心を、入れ替えてしまえばどうでしょう。目標を達成するルートが心地良く、目標から外れることが居心地悪く感じるはずです。試験に合格するという目標を持ったら、勉強することが楽しく、勉強から逃げて遊ぶことのほうが苦しくなります。ダイエットするという目標を持ったら、ケーキを食べないことが嬉しく、食べることのほうが苦しくなるのです。

でも、本当にそんなことができるのか。

『9フレーム』の実践を続けていけば、必ず、自分の心を自分で動かすことができるようになります。少しずつですが、たとえ上手くいかないときでも自分を責めることなく、笑顔で自分を許しつつ、楽しく実践を続けていきましょう。

自分の心と友達になるイメージです。

楽しく実践

「自分の心を自分で動かす」と自分に繰り返し言い聞かせる。心を動かされてしまったときほど、**自分に言い聞かせる。**

これまでは心を動かされてしまっていることにすら気が付かなかったとしても、これからは自分の心の動きを自分で把握することができるようになる。

②「ありがとう」と「ワクワク」の心を持つ

どんよりとした暗い気持ちでいると、そうした心の状態に支配されてしまいます。

心を軽やかにして思い通りに自分で動かせるようにするためには、いつも「感謝」と「歓喜」の心を持つことです。言い換えると、「ありがとう」と「ワクワク」の心になるということです。

気持ちを口に出したほうがいいのですが、心の中で呟くだけでも十分に効果はあります。いつも「ありがとう」「ワクワクする」という言葉を連発しましょう。

「感謝」の心は、脳が情報を吸収するのに最も適した状態にします。毎日の学習を始める前に、「勉強させてくれてありがとう」と、家族や周囲のサポートに感謝しましょう。怒りやイライラなどが心に残っている状態では、学習の効果は出にくいからです。

圧倒的な感謝のシャワーで、怒りやイライラなどのマイナスの感情を洗い流してしまいましょう。人間、感謝をしながら同時に怒ったりイライラしたりすることはできません。

以前、東南アジアで学校を作るボランティアをしている方から聞いた話です。その村では、食べるものが十分ではなく、いつも皆お腹を空かせていました。ところが、ふと子どもたちに、「今、一番何がしたい?」と聞いたら「勉強したい」と。「今、一番何が欲しい」と聞くと「教科書が欲しい」と。お腹を空かせている子どもたちが目をキラキラ輝かせながら答えたそうです。その子どもたちに、日本の学校で勉強している子どもたちの写真を見せたら「夢のような世界だ」と。

勉強できることは、私たちに与えられた最高級の恵みです。空調の効いた部屋で、コーヒーを飲みながら、きれいな教科書とカラフルな筆記用具で勉強できるなんて、幸せ以外の何物でもありません。

私たちが、いつも当たり前と思っていることは、全く当たり前ではありません。

私たちは、水道から出る水をそのまま飲むことができますが、世界の多くの人々は安全な飲み水を与えられていません。当たり前なことなど、何一つないのです。

朝目が覚めたときから、感謝を始めましょう。いつか必ず目が覚めない日は来ますが、今日は、今日という一日が与えられたのです。感謝しかありません。

この感謝の気持ちのまま、早速、朝の学習に取り組んではいかがでしょうか。

本試験には、感謝の気持ちで臨みましょう。自分のために、その道の一流の先生方が長い時間をかけて練りに練った問題を作成してくれました。そして、周囲の方々のサポートを受けて、この本試験の日を迎えることができました。圧倒的な感謝の気持ちで、不必要な緊張感を払拭しましょう。そして、一流の先生方と素直に丁寧に会話をするように、解答を進めていきましょう。

感謝の気持ちで臨めば、試験問題からも、多くの情報を正確に吸収することができ、臨機応変に柔軟に思考することができるのです。

さて、次は「ワクワク」の心です。

人間は、将来に対して不安を持ちやすい動物です。「失敗したらどうしよう」「試験に落ちたらどうしよう」などという不安です。

このような不安を払拭するために必要なのが「ワクワク」の心です。人間は、心で思い描いた通りの人間になるといわれています。したがって、いつも失敗ばかりを思い描いていると、本当に失敗することになります。

将来に対して、いつも「ワクワクする」心を持ち続けましょう。ワクワク感は、無限のエネルギーを生みます。実は、人は皆、ワクワク感の塊でした。小さい子どもは、新しいことにワクワクします。新しいことに不安でたじろぐ子どもなんていません。一〇〇%のワクワク感で突っ走っています。それに対して、私たち大人は、いつから、ワクワク感を失ってしまったのでしょう。悲しいことです。

もう一度、子どものときのようなワクワク感を取り戻しましょう。このエネルギーは無限です。将来を恐れず、変化を恐れず、ワクワクしながら突っ走りましょう。

楽しく実践

何をするにも、何を見るにも、感謝する。将来のこと、新しいことに、ワクワクする。

心がクリアーになり、
エネルギッシュになる。
もはや無敵の状態。

③ 根拠のない自信を持つ

そして、もう一つ、心を軽やかにするために、持っておきたい心があります。それは、根拠のない自信です。自分は、自分であることだけで、最高に素晴らしいのです。自分自身を完全に認めるということです。

認めると言っても、変わらなくていい、というわけではありません。今の自分は今の自分として完全に認めた上で、理想の自分を想い描き、それに向けて進んで行く自分も全て認めるということです。

さらには、他人もそのほかの出来事も、ひとまず全てを認めるということが大切です。「何であの人は……」「何でこんなことが……」と否定してみても、今それらを変えることはできません。他人や私たちを取り巻く環境が、いかに不都合、不合理であっても、今自分が動かすことはできない。そうであるならば、不合理、矛盾をはら

んだままの現実を、いったんは受け入れる、ということです。

ここで、根拠のある自信は、折れやすいものであると覚えておきましょう。

例えば、英語ができることに自信を持っていても、自分よりもできる人に馬鹿にされたら、自信が萎えてしまいます。資格を三個取得したことに自信を持っていても、一〇個取得している人を前にすると、自信がしおれてしまいます。

そのため、「自分が自分であること」ただそれだけで、沸き上がるような自信を持つことが大切です。その自信は根拠がないから折れないのです。

それでは、根拠のない自信を、どのようにして持つのでしょうか。

この点、「ありがとう」と「ワクワク」の心の役割は少なくありません。

「ありがとう」の心というのは、何物かを与えられているという認識を伴います。今、自分に、仕事が与えられている、家族が与えられている、友人が与えられている、食べるものが与えられている、そして、命が与えられている。これだけ多くの与えられたものの上に自分が立っているという理解の向こうに、自信がほの見えて来ないでしょうか。このように、与えられていることに感謝する気持ちが、自信につながるのです。

根拠のある自信を持つためには、過去の成功体験など客観的な事実が必要ですが、根拠のない自信を持つために必要なのは、自分には多くのものが与えられているという安心感を持つことだけです。

そして、「ワクワク」の心というのは、将来への不安ではなく、将来への期待になります。将来への期待に胸が高鳴るのですから、それは、自分が自分でよかったという自信に結びつきます。

さらに、根拠のない自信を高めるために、何があっても自分を責めないでください。自分を責めるという心の働きは、自信を削り取っていくことになってしまいます。そもそも、自分を責めることのメリットが存在しません。何かに失敗してしまったとしても、それは過去の出来事です。客観的に分析をして、今後同様のことを繰り返さないように心がけることは大切ですが、自分を責める必要は全くありません。そして、反対に、自分をとにかく褒めちぎってください。何か些細なことであっても、自分はスゴイ、ということを毎日何回も繰り返してください。

楽しく実践

とにかく自分を褒めちぎる。

自分で自分を褒めることにより、自己肯定感が高まり、様々な目標達成のためのベースができあがる。

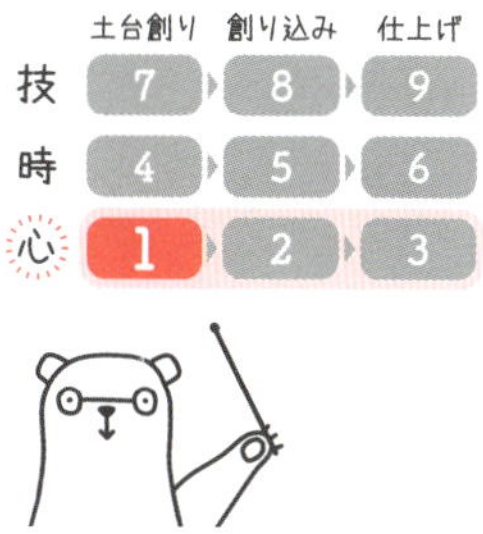

Frame 1

心の土台創り
「セルフイメージの構築」

具体的かつ明確にセルフイメージを構築する

「人間は自分で思い描いた通りの人間になる」といわれます。自分を今の自分にしているのは、まさにセルフイメージの力です。人は、良くも悪くも、自分はこういう人間だ、と思い描いた通りの人間になるのです。

ここに、これまでの講師生活を通して、顕著な事実があります。「合格したらどうしますか」という質問に即答できる受験生は、圧倒的に合格しやすいということです。「合格したら次の○○という資格の勉強をする」「合格したら希望の部署に異動願いを出す」「合格したら開業して○○の仕事をする」「合格したら公務員として○○の仕事をする」という具合です。

反対に、「合格したら、どうしようかな……」「合格後のことは合格してから考える」という心の状態のままでは、合格できる可能性は激減します。

合格する人は、合格後のビジョンが明確にできているから、最後までやり抜くことができるのです。

合格後に、別の資格試験に挑戦する、開業する、会社内で異動願いを出す、のように、合格したときと合格しなかったときに異なる生活が待っていて、合格したときのビジョンが具体的かつ明確である人は、そうでない人と比べて、圧倒的に合格率が高いのです。

あなたは、合格したらどうしますか？

人間は、自分で思い描いている通りの自分が最も気持ち良いものです。そうすると、明確な将来のビジョンを思い描いていなければ、「今の自分」であることが一番気持ち良いということになります。今のその資格試験の勉強をしている自分を、脳は気持ちが良いと感じて安心しているのです。来年も、再来年も、その資格試験の勉強をしている自分……。「変わらなくっちゃ」と思っても変われないのは、この脳の働きによるものです。

それでは、セルフイメージを構築すると、なぜ目標を達成することができるのでしょうか。

脳には、大きく分けて、気持ち良いか気持ち悪いか、二つの感情があります。気持ち良いほうを「快」、気持ち悪いほうを「不快」といいます。人間は、自分が現実として描いている自己像、つまりいつもの自分を「快」と感じ、良くも悪くも、自分が変わってしまうことは不安で「不快」なのです。

たとえ自分が試験に合格したいと思っていても、「合格した自分」というのがどのような自分であるかがよくわからない脳にとっては、不安で「不快」と感じます。合格しない、いつもの自分、つまり受験生であり続けることを脳が望むのです。

そこで、自分を変えるためには、うまく脳をダマす操作が必要になってきます。ダイエットにしろ、禁煙にしろ、そう簡単に実行できないのは、つまり人間が簡単に変われないのは、脳が、今の自分のことを好きで「快」だからなのです。そうすると、脳をダマして、「すでに成功した自分」を今の自分だと勘違いさせれば、その「すでに成功した自分」を「快」と感じ、そこに留まろうとします。

そして、脳はダマされやすいのでした。映画館で、一〇〇%ウソのストーリーを見ても、現実と勘違いして泣いたり笑ったりしてしまいます。

毎日、毎日、「成功した自分」が本当の自分であると、脳に刷り込んでみましょう。言葉に出す。絵に描く。携帯の待ち受けにする。何でもします。

さあ、より具体的に、より明確に、「成功した自分」の「セルフイメージ」を構築していきましょう。

本試験終了後に、満足そうに帰宅している自分
解答速報で自己採点をしてガッツポーズしている自分
合格発表を見て号泣している自分
実務に就いてクライアントから感謝されている自分
次の成長のために新たな目標に向かっている自分

脳をダマすためには、より具体的に、より明確に、です。毎日楽しく脳に刷り込んでいくのです。

楽しく実践

具体的に明確に合格後の自分をイメージする。

脳が勘違いし、
「合格した自分」を
「快」と感じる。

「なりたい」ではなく「なる」

セルフイメージを構築するときに、大きな注意点があります。

それは、単なる願望とセルフイメージは大きく異なるということです。

「なりたい」という願望は、日々生じます。テレビドラマや小説を見て、芸能人やスポーツ選手やお金持ちを見て、「あー、自分もあんなふうになりたいな」という願望が生じるものです。

しかし、その願望のままでは、目標を達成することはできません。「自分もあんなふうになりたいな」という憧れを抱いている自分が、「本当の自分」として脳に刷り込まれ、憧れを抱いたまま年月が過ぎていきます。

「合格したいなー」という状態では、脳は合格に憧れている自分を「本当の自分」

と捉えて「快」と感じてしまいます。「旅行に行きたいなー」といつも言っていて行かない人の脳は、「旅行に行きたいなー」と言っている自分が好きなのです。本当に旅行に行く人は、仕事の段取りをつけたり、友人や家族と調整をしたり、パスポートやビザの手続きをしたり、ということを、まさに現実のものとして、今、思考しているのです。「試験に合格したいなー」と「試験に合格する」の違いも、まさにその通りです。

一般的に、未来形にすると、セルフイメージが願望になりがちです。

そこで、具体的かつ明確にセルフイメージを構築するためには、まるで過去の自分を語るように、いつ、どこで、どのように、何をどうした、というふうに刷り込んでいきます。

ちなみに、私はときどき「合格した！やったー」と全力で天に向かってガッツポーズをしてから勉強します。

そうすることで、「合格したいから頑張って勉強する」という不確定な未来形の心の状態とは別次元の心を創ることができます。

自分が今まさに合格したことをイメージして、打ち震えるくらいの感動を味わい、「あー、あの時に勉強しておいて本当によかったー」と感じてから、その過去にタイムスリップして、今勉強を始めます。

ぜひ、お試しください。

楽しく実践

合格した自分をイメージして、過去形で表現する。

脳が現実であると勘違いし、「合格した自分」を「快」と感じる。

目標達成への自動運転

人は毎日、何十回、何百回と判断をしています。
そして、その判断のほとんど全ては、明確な理由がない「何となく」で行っているのではないでしょうか。例えば、昨日の夜のテレビ、なぜその番組を見たのでしょう。今日の朝ごはん、なぜそれを食べたのでしょう。今日の服、なぜそれを着ているのでしょう。一般的には、明確な理由付けができずに、「何となく」と答える他はありません。

では、判断をしていないのかというと、そうではなく、間違いなく判断をしているのです。実際に、そのテレビを見た、そのご飯を食べた、その服を着た、のですから。
そして、その判断の根拠をたどると、「潜在意識」というものに行きあたります。

この潜在意識は、私たちの意識（自覚されている心の働き）の数万倍の情報処理能力とパワーを持っているともいわれています。数万倍、です。潜在意識を上手く巻き込むことが、目標達成のためには、圧倒的に重要になってきます。

具体的かつ明確にセルフイメージが構築された場合、半ば自動運転のような状態になり、目標の達成に至ります。

人間は、構築されているセルフイメージに沿う自分の行動を「快」と感じ、セルフイメージに沿わない行動を「不快」と感じます。

具体的かつ明確に金メダルを取るセルフイメージを構築しているスポーツ選手は、練習をサボることを「不快」と感じ、スキルを上げるためにトレーニングすることを「快」と感じるのです。もはや、頑張っている、という感覚ではありません。

そして、勉強においても、

朝、目覚まし時計が鳴った。

もう五分寝ようか、それとも今すぐ起きようか。
朝、出かけるまでにもう一〇分ある。
テレビを見ようか、それともテキストを読もうか。
電車に乗って、スマホを出した。
ゲームをやろうか、それとも勉強アプリで問題を解こうか。
仕事帰りに飲みに誘われた。
何となくOKしようか、それとも飲みに行かずに家で勉強しようか。
晩ご飯を食べてお風呂に入った。
さあ寝ようか、それとも一〇分でも復習をしようか。

具体的かつ明確に合格するセルフイメージが構築されていれば、「何となく」無意識的に、合格するための行動を選択することになります。勉強するほうが気持ち良いのですから。

我慢して頑張って勉強するのではありません。勉強しているほうが楽しく、勉強しないほうが気持ち悪いのです。

このように、潜在意識の膨大なエネルギーを利用すれば、サボりそうになる一つひとつの場面で「いやいや、勉強するぞ」と、そのつど、頑張る必要がなくなります。無駄なエネルギーを使わずにすむので、その分を勉強に費やすことができます。

そして、何となく勉強を始めた自分に出会うことができたら、ニンマリしながら、自分をどんどん褒めてあげてください。正しい判断を行った潜在意識にご褒美をあげるのです。

楽しく実践

特に意識せずに勉強を始めた自分を褒める。

自動化されて無意識的に
取った行動を、正しい行動
であると認識することに
よって、今後さらに自動化が
進み、強固な習慣となる。

column

圧倒的感謝こそ最強の武器！

圧倒的に感謝しながら、同時に怒ることはできない。
圧倒的に感謝しながら、同時にイライラはできない。
圧倒的に感謝しながら、同時に不安になることはできない。
圧倒的に感謝しながら、同時に落ち込むことはできない。

圧倒的に感謝すると、全てが楽しく、前向きになります。
そして、脳がクリアーになり、その回転を加速します。
圧倒的な感謝こそ、目標達成のための最強の武器です。

あなたが、仮に『9フレーム』のことを忘れてしまっても、「圧倒的感謝こそ最強の武器」ということだけは一生覚えておいてもらいたいものです。

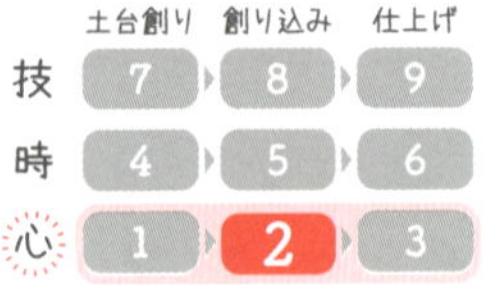

Frame 2 心の創り込み
「達成ルートの設定」

目標達成ルートをよく知っている人に聞く

自分が合格するセルフイメージを描きつつ、達成ルートの設定もしていきましょう。資格の勉強をするときには、スクールに通って勉強するのか、ＷＥＢで勉強するのか、市販のテキストで勉強するのか、などを比較検討しながら決定する必要があります。

その際に大切なことは、その目標を達成するルートをよく知っている人に話を聞く、ということです。身近に合格者がいる場合には、ぜひ聞いてみてください。また、スクールでも、たいていの場合、個別の相談は無料でできますので、詳しく聞いてみるのもいいでしょう。

反対に、「自分のことをよく知っている」からといって、身近な人に相談する場合、その人がその目標を達成した経験がなく、そのルートもよく知らないときには、リスクが高まります。そのような人たちの中には、少なからずドリームキラーといわれる人たちがいます。

例えば、中学生がプロのサッカー選手になりたい、歌手になりたい、と学校の先生に相談した場合、相当な確率で先生は、はっきりと、またはそれとなく「無理でしょう」「考え直しなさい」「もっと現実的な目標を持ちなさい」と指導するはずです。それはそうです。その先生は、プロのサッカー選手ではなく、歌手でもありません。さらには、それにいたるルートについてもよくわかっていないのですから。

そこで、相談する相手は、自分のことをよく知っている人ではなく、その目標の達成ルートをよく知っている人でなければなりません。そのような人たちに相談した場合には、具体的かつ明確なルートを示してもらうことができ、成功した自分のセルフイメージを構築しやすくなります。

自分の身近な人たちには、その構築されたセルフイメージは見えないのですから、自分が変わろうとしているにもかかわらず、残念ながら、過去の自分だけを見て、「お前には無理だ」みたいなことを言います。決して目標達成の邪魔をしているつもりではなく、その多くが親切心から発せられる言葉です。だからこそ、身近な人ほどドリームキラーが多いのです。

目標を達成するためには、目標達成ルートをよく知っている人に聞くことによって、そのルートを具体的かつ明確に設定していくことが大切です。

楽しく実践

必要な情報を収集して目標達成ルートを具体的かつ明確に設定する。

セルフイメージに時系列の流れができて、より強固になる。

手段・方法を好きになる

目標を達成するためには、自分が設定した目標達成ルートにおける、その手段・方法を徹底的に信じて、好きになりましょう。

一流のスポーツ選手の、コーチに対する信頼感は計り知れないものがあります。コーチの指導が良いものであることは当然ですが、それ以上に大切なのは、コーチを信じる潔さです。先進的なトレーニング方法ほど、「本当にこのトレーニング方法でいいのか」という疑問が出るものですが、そういう疑問を持ったままトレーニングをしても、効果は期待できません。「コーチが言っているんだから間違いない」と信じ抜くことで、その効果は跳ね上がるのです。

そのため、自分で一度選んだ手段・方法は、相当なことがない限り、徹底的に信じ抜きましょう。そのテキストに不信感を持ちながら勉強しても、効果は出にくいのです。どんな手段・方法でも、一〇〇%ではあり得ません。一〇〇%自分に合ったものなど存在しないのです。

ただ、それを**一〇〇%の気持ちで信じて取り組むこと**。さらには、その手段・方法を、徹底的に好きになることです。学校が好き、講師が好き、テキストが好き、仲間も好き、であれば、学習の効果は高まります。

もう、勉強そのものが大好きになります。

楽しく実践

勉強をしているときは、テキスト・問題集、学校、講師を褒めちぎる。

手段・方法が
セルフイメージと一体化して、
目標達成のプロセスが、
楽しく効果的になる。

変えられるものは変える、変えられないものは受け入れる

目標達成ルートは、効率的かつ効果的に目標を達成するために重要なものですから、十分に検討したうえで設定をする必要があります。

ただ、どんなに十分に検討をしても、「やっぱり、あっちのほうがよかったな」と、後悔することがあるかも知れません。そのときには、軌道修正ということで、他の採り得るルートに変更することを検討することもあるでしょう。

ここで、大切なことは、採用したルートが「それなりのルート」であれば、あとは自分の努力次第ということです。家を買ったあとも、隣の芝生は青く見えるものですが、未練を断ち切って目標に向かって突っ走ることが大切です。

ただ、それでも、ルートを変更する明確な理由があれば、ルートを変更します。

そして、この「変えられるものは変える、変えられないものは受け入れる」は、他の様々なことにも応用でき、心のコントロールのためにも重要になります。

例えば、喫茶店で勉強をしていて、隣の人たちが大声でうるさかったとしましょう。そのときには、他の席に移動する、他の店に移動する、あるいは「すみませんが、もうちょっと静かにしてもらえますか」とお願いをする、ということで、環境を変えることができます。

もし、それらの手段を選ばずに、我慢して勉強することを選んだ場合、その環境は、「変えられないもの」となります。その中でうるさいなーと思いつつ勉強しても効果があがりません。そこで、「うわー、隣の人たち元気いいなぁ」「元気を分けてもらおう」と心の中で呟いてみる。言葉が心に与える影響は本当に大きなもので、「うるさい」という言葉を「元気いい」という言葉に変えたとたんに、心の状態が変わります。さらには、これだけ騒々しいのだから自分がブツブツ言いながら勉強しても気付かれない、しゃべりながらという効果的な学習ができる、「ラッキー」と思いながら勉強してはどうでしょう。

多くの人は、変えられる環境について変える努力をせずに、変えられない環境に対して不平や不満を言い続けています。

何が変えられるのか、何が変えられないのか、しっかりと見極めて、「変えられるものは変える、変えられないものは受け入れる」と決意することが重要です。これは、仕事や人間関係を含めて、多くの悩みから解放される、とても大切な考え方です。

例えば、他人の言動に対してイライラするとします。その時の状況や人間関係によって、それを指摘して変えられるのであれば、指摘しましょう。ただ、一般的には、他人は変わりません。変えようとすると多大なエネルギーを浪費することになります。

それよりも、他人は変えられないということを前提にして、自分がそれをどのように受け入れていくのかということにエネルギーを注ぐことが、心の平穏につながります。

楽しく実践

目標達成のために、何を変えられるのか、何を変えられないのか、客観的に明確に見分ける。

変えられないものを悩んでも、1ミリも前には進めない。
変えられない前提で、
ものごとを建設的に考える
ことができる。

	土台創り	創り込み	仕上げ
技	7	8	9
時	4	5	6
心	1	2	3

Frame 3

心の仕上げ
「日常的メンテナンス」

前向きな言葉のシャワーを浴びる

せっかく心の中にセルフイメージを構築して達成ルートを設定したとしても、人間というのは、忘れやすい動物です。やはり、いつもの自分が「快」なので、放っておくと、今までの自分のまま、という状態になってしまいます。

自分の脳をダマし続けるために、圧倒的に前向きな言葉のシャワーを、日々自分に向けて浴びせましょう。

私たちの体は、自分が食べたものでできている。

私たちの心は、自分が受け入れた言葉でできている。

言葉が自分の心を創り、言葉が自分という人間を創っているのです。

そして、自分を創っている言葉というのは、新聞やテレビで、目にする耳にする言葉、家族や学校や会社の中で交わす言葉などもそうですが、その圧倒的に多くの言葉は自分が自分に発する言葉です。私たちは、目にする言葉や耳にする言葉を全て受け入れるわけではありませんが、自分が自分に対して発する言葉は、多くの場合、すでに受け入れたセルフイメージを確認する作業になるために、ますます強固なセルフイメージができ上がるのです。

「自分はダメな人間だ」と自分に言い続ければ、本当にダメな人間になる。
「自分は立派な人間だ」と自分に言い続ければ、本当に立派な人間になる。

まずは、ウソでも構わないので、自分で「こうなる」と構築したセルフイメージに沿う言葉を浴びせ続けましょう。それにより、その通りのセルフイメージが心の中に創り上げられ、そして強固になっていきます。

自分が自分に対して発する言葉というのは、声に出すだけではなく、頭の中で発する言葉も含まれ、実は、これが目標の達成のためには欠かせない言葉となります。毎日、意識しながら、圧倒的な言葉のシャワーで、自分を変えていきましょう。

でも、言葉だけで本当に心が変わるのでしょうか。そして、どのくらい変わるのでしょうか。

これを実感しておくことは、『9フレーム』で効果を出すために、とても大切なことです。

ただの言葉だけで、こんなにも簡単に、こんなにも大きく、自分の心が動き、そして変わるものなんだ、ということを知っておくと、自分の心のコントローラーを自分で握ることができます。

そこで、自分の心の動き方を知るために、いろいろと実験をしてみましょう。

まずは、三日間だけでも結構です。勉強に対して、マイナスイメージの発言を一切しない、徹底的にプラスイメージの発言をするということを実践してみてください。「勉強は楽しいな」「新しい知識ゲットした」「すげーわかった」「久しぶりに勉強して面白い」と。もし、間違えて、「勉強したくないなー」と言ってしまったら、「なんちゃって」と可愛く笑って自分をごまかし、なかったことにしてしまいましょう（笑）。とにかく楽しくです。人間は、義務的な気持ちではうまくいかないようにできています。

たった三日で、別人のように、勉強に対する考え方が変わり、本当に勉強が好きになるはずです。

他にも、面白い実験をしてみましょう。

道を歩いているときに、通りすがりの人一〇〇人に対して、罵詈雑言を浴びせてみましょう。もちろん心の中です。口に出してしまったら大変なことになりますので（笑）。どうでしょう。「悪口一〇〇人斬り」で、心が軽くなりましたか？　これから行う勉強が進む感じがしますか？　無理ですよね。心が淀んで、暗くなっています。

反対に、一〇〇人に対して、褒めちぎってみましょう。もう徹底的に褒める。もちろん心の中で、です。これも、口に出してしまったらかなり危ない人になってしまいます。今度は、どうでしょう。心が明るく楽しくなりませんか。他人を徹底的に褒めて認めたことによって、自分自身への評価も変わりませんか。他人を褒めれば褒めるほど、なぜか自分が褒められている気になってきませんか。心が軽くなり、これなら明るく楽しく勉強を始められますね。

だから、私は他人の悪口を言いません。自分のためです。自分の学習の効果を高めるためです。

喫茶店で勉強を始めるときには、喫茶店内の人を全員褒めちぎってから始めます。すると、喫茶店内の人たち全員が、自分を応援してくれているような気持ちになり、テンションも高まって集中して勉強できます。

楽しく実践

目標達成のための

プラスの言葉のシャワーを自分に浴びせる。

自分の心の力を目標に向けて
動かすための燃料となり、
またセルフイメージを強固に
維持できる。

目標達成後の立ち居振る舞いをする

目標を達成した後の自分であればどのように振舞うのか、を明確に意識して、日々行動しましょう。なりきることです。理想の自分を演じ切ってしまうのです。演じるというと、それは本当の自分ではなく、自分らしい人生を送ることができなくなってしまいそうにも思いがちです。

でも、ここでいう本当の自分とは何でしょうか。「人間は、自分で思い描いた通りの人間になる」と先述しましたが、そうである以上、自分という人間は、何ものにもなれてしまう可能性を持っています。今の自分は、「こういう人間だ」と、これまで心で描いてきた通りの人間であり、人生というのは、自分という人間を使って、どのような人間をも演じることができる舞台のようなものなのです。

遠慮はいりません。自分が理想とする自分、目標達成後の立派な自分ならこのように行動するはずだと、思う存分に演じ切ってください。

演じることによって、構築した「セルフイメージ」に向かい、設定したルートに乗っているという実感が確実に持てるはずです。まるで、成功後の自分が、これまでの道のりを振り返っているかのように、今の自分が見えてきます。

「自分の人生の主人公は自分である」といわれますが、その実、多くの人は自分の人生を生きていないのかも知れません。他人の目を気にするあまり、失敗を恐れるあまり、当たり障りのない遠慮した人生になっているのかも知れません。

俳優は、演じているうちに、本当に自分がその役柄に接近し、その気持ちになってくるようです。これも、自分で実験してみたら、よくわかります。そんな気持ちは全くなかったとしても、演じ切ったら、本当にその気持ちになってしまうのです。例えば、「めちゃめちゃ優しい人」を三日間、演じ切ってみてください。本当に心まで優しくなっているはずです。周囲の人よりも、自分が一番驚くかもしれません。

さあ、今からは、自分の理想像を演じ切りましょう。そのうちに、演じなくても、現実の自分が追いついてきて、理想の自分に近づいているはずです。

楽しく実践

目標達成後の自分を意識して演じる。

演じ続けることによって、本当にそのような自分になる。

目標を周囲に宣言する

目標を持った場合には、すぐに大きな声で周囲に宣言しましょう。「私は、〇〇試験に合格する」「私は、〇〇になる」と。

多くの人に目標を話してしまったら失敗したときに恥ずかしい思いをしてしまう、という心配から、周囲には言わずに、こっそり努力するというのでは、目標を達成することは難しくなります。失敗したら恥ずかしい、不合格になったら恥ずかしい、と日々意識して隠し続けることによって、「失敗する自分」「不合格になる自分」のセルフイメージがどんどん強くなってしまうからです。

ぜひ、周囲に宣言してしまいましょう、その効果は、とても大きいのです。

周囲に宣言することによって、精神的に引くに引けない状況に自分を追い込むことができます。「言ってしまった以上、もうやるしかない」のです。やりましょう。

また、周囲に宣言すれば、周囲からの応援や情報の提供を受けやすい状況にすることができます。「自分は、○○を頑張る」と宣言すると、周囲にいるであろう、実際に○○を頑張っている人、すでに○○を達成した人から、その話題を振ってくることもあるでしょう。その中で、多くの応援の言葉をもらい、また有益な情報をもらう機会も増えるでしょう。身近な仲間が増えるということも期待できます。

さらに、周囲に宣言することによって、日常的に、そのストーリーに沿って話題が生まれることになるため、自分で意識していなくても、その会話によって、どんどんセルフイメージが強固になっていく状態を創ることができるという効果が生じます。

これらの効果を最大限に生かすため、ぜひ周囲を巻き込んでいきましょう。

ただそれでも、どうしても恥ずかしい場合、または、周囲からの応援どころか鼻で笑われるのが明確な場合には、「私は、○○の勉強が好きで、最近ハマっている」と宣言しましょう。これによって、試験そのものよりも、法律・会計・マーケティングなどの勉強をすること自体が好きなんだ、ということに外見上は話をすり替えることができ、試験の不合格の恥ずかしさや嘲笑を受けずにすむばかりでなく、大きな宣言効果を得ることができます。とりあえず試験は受けるけれど合格そのものが目的ではない、などと付け加えておいてもよいでしょう。

そうすると、勉強が好きだ、楽しい、という会話を繰り返すことになり、自分の脳を上手くダマすこともできて、学習も進むのではないでしょうか。

そうして、学習が順調に進んで、自分に対する周囲の目も変わり、自信もついてきたときには、「やはり、試験に合格する」と目標を宣言し直すということでもいいでしょう。

人が社会に生きているからには、何らかの形でその社会に貢献しようとする一方、社会という環境を自分の目標達成のために最大限に活用することを考えなくてはなりません。そのための方法を考え、実践することは、とても大切です。

楽しく実践

「〇〇試験に合格する」と周囲に宣言する。

自分を追い込み、周囲の力を借り、セルフイメージを保持し続けることができ、目標達成に適した環境を創ることができる。

column

イノベーティブ人材になる！

これからのＡＩに代表される第四次産業革命時代に、私たち人間の仕事や勉強はどのようにあるべきでしょうか。

この点、様々に議論されていますが、現在のところ、「どうなるのかわからない」が正解でしょう。ただひとつ確実に言えることは、「劇的に変化する」ということです。

ところで、「変化」と聞くと、どのように感じますか？

基本的に、人間は「変化」を恐れる動物です。「変化」を不安と感じるのです。

ぜひ、『９フレーム』で、いつもワクワクしながら、変化の先の社会、変化の先の自分をイメージしながら、それを楽しむ人生を送りたいものです。これからは、変化を起こすイノベーティブ人材の価値が大きく高まる時代になります。決まりきった仕事は、テクノロジーに任せてしまいますから。

Nine Frame

第3章

時を創る

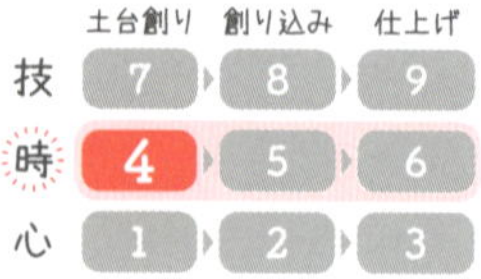

Frame 4

時の土台創り
「時間価値の尊重」

時間の大切さを知る

人生における大小様々な目標を達成するためには、自分が持っている種々の資源を効率的かつ効果的に投入することが必要になります。

その資源とは、お金、時間、知識、経験、スキル、人脈などです。足りない資源がある場合には、それを補完・増強する必要があります。お金を貯める、知識や経験やスキルを増やす、人脈を広げるということが必要になります。そして、私たちはそれをすることができます。

ところがただひとつ、時間という資源だけは、絶対に増やすことができません。人は生まれてから、お金、知識、経験、スキル、人脈などをどんどん増やし続けますが、時間だけは無情にも、ただひたすら減り続けます。

これは当然のこととして誰もが知っていることなのですが、このことを深く理解して日常生活に落とし込んでいる人は、とても少ないように感じます。

例えば、資格試験を受験するときに、スクールに通うか、市販のテキストのみで独学するか、を検討するとしましょう。その際、スクールであれば一〇万円で、テキストの購入が五〇〇〇円とすると、テキストのほうが安いと考えてしまいがちです。

こういった判断をするときに、時間の価値を意識的に考慮することは、とても少ないのではないでしょうか。仮に、テキストのみで合格するとなると三〇〇時間の学習時間が必要で、スクールに通った場合には二〇〇時間の学習時間で合格できるとすると、この差の一〇〇時間という時間と、九万五〇〇〇円という差額を、比較して検討しなければなりません。そうすると、諸々の事情を除いて単純に考えると、一時間という時間を九五〇円で購入するのが、損か得か、という問題になります。

この計算をより正確に行うためには、自分の時間価値を意識しておくといいでしょう。

例えば、いつもの生活の中で仕事が終わり、勉強を始めて寝る時間になったとき、「もう一時間勉強しようかな、それとも、明日に差し支えるから、睡眠時間を削るのをやめて、もう寝ようかな」というときがあると思います。そのときに、一時間という時間を買うことができるとしましょう。一時間という時間を買うことができれば、もう一時間勉強をすることができて、しかも、睡眠時間を削る必要がありません。

そんなとき、あなたは、いくらだったら「一時間」という時間を買いますか？

その金額が、明確に意識された、自分の時間の金銭価値ということになります。

これを意識しておくと、スクールに通うか、テキストを購入して勉強するかだけではなく、今後、独立開業したり起業したりした場合に、ホームページの作成など、ある仕事を自製するのか外注するのか、という判断に大いに役立つことでしょう。自製ならゼロ円の作業だから自分でやる、という短絡的な発想ではいけません。外注したら一〇万円で、自分の時間が一〇〇時間確保できる。その一〇〇時間があれば、より生産性の高い別の仕事をすることができる。となれば、そのような選択をするべきでしょう。

楽しく実践

自分の時間価値を金銭価値で設定する。

行動の選択を行う際の
有効な基準となる。

「時は命なり」

「時は金なり」という諺があります。時間はお金のように価値のあるものだから大切にしましょう、との戒めですが、思うに、そのレベルの話ではありません。

お金は、努力と節約によって増やすことができます。それに、願望とアイディアが加われば、爆発的に増やすことだってできます。しかし、時間だけは、絶対に増やすことができません。

およそ「なりたい自分」に向けて動き始めるとき、最も制約の大きな資源が、時間です。

時間が足りなくなってしまったら、目標の達成はおろか、人生そのものがそこで終わってしまいます。時間とはまさに、人生そのもの、命そのものです。

成功する人は、この当たり前過ぎることを、強烈に意識して生活しています。「知っている」レベルではなく、それを生活の根っこに落とし込んでいるのです。

時間に対する認識は、成功する人とそうでない人では、顕著な違いがあります。

人生における大小様々な目標のために、自分の人生、命、つまり時間を、最適な配分で割り振っていきましょう。そのためには、自分はその人生において、いったい何をしたいのか、何を達成したいのか、を考え抜く必要があります。

ややもすると、無限に存在するかのように勘違いしてしまいがちな自分の時間に対して、高い価値を置くことによって、一瞬にして成功思考に変わります。自分の時間を大切にするということは、自分の人生を大切にすることだからです。

さあ、時間価値を強く意識して、充実した人生を送りましょう。

楽しく実践

人生の目標を思考しながら、
様々な目標に時間を割り振る。

効果的で充実した時間を
送ることができる。

無料はただではない

世の中どんどん便利になって無料のものも増えてきています。特に、ネット上の情報・サービスについては、無料のものが氾濫しています。

このような社会の中で大切なことは、成功する自分は、無料の情報・サービスとどのように向き合うべきなのか、を十分に考えながら行動することです。無料の情報・サービスには、良いものもありますが、そうでないものもあります。まさに玉石混淆です。何気なく接してしまうと、自分の貴重な時間をズルズルと持っていかれる、つまり浪費してしまいます。

その無料の情報・サービスを利用するときには、金銭的には無料ですが、より価値の高い時間というコストを発生させることになるので、その見極めが必要なのです。

文字通り無料の情報・サービスは存在しないものと考えたほうがいいでしょう。

資格試験に関する情報・サービスについて見てみると、ある資格に合格した人が、自宅に設置したホワイトボードで講義をしている動画をアップしていることがあります。その動画は無料ですが、一時間視聴した場合には、自分の命の一時間を費したことになります。その動画に、それだけの価値があるかどうかの見極めが必要です。

ちなみに、私は通勤レベルの移動経路で、特に急いでいなくても、特急がある場合には利用することにしています。漫然と自分の時間を軽視しがちになる自分への戒めになります。「自分の時間には、それだけの価値があるんだぞ」と心の中で自分に言い聞かせながら、数百円の追加料金を支払っています。

楽しく実践

無料だから……
という感覚を捨てる。

自分の時間価値を高める
ことができる。

column

時間の達人シリーズ

「暗記」と「理解」は……

大切なポイントを
シャドーイング
してみる

1.0〜1.2倍速
がおすすめ

「記憶の喚起」は……

脳がフル回転

1.5〜2.0倍速
がおすすめ

時間あたりの
学習量がすごいよ

社労士24
はコチラから

これが『時間の達人』！

私は現在、Cチームで、『時間の達人シリーズ』の制作サポートをしています。

『時間の達人シリーズ』は、税理士・社労士・行政書士・宅建士・診断士などで提供している最強の合格ツールです！

「勉強を、楽しく、効果的に」という『9フレーム』のコンセプトを具体化した教材で、「暗記」「理解」「記憶の喚起」を楽しく効果的に行うための様々な工夫を凝らしています。膨大な情報をそのまま濃密に凝縮して、まさに「3倍のスピードで3回転学習」を可能にしています。

Frame 5 時の創り込み

「学習時間の確保」

スキマ時間とながら時間

試験に合格するためには、一定の学習時間を確保することが必要となります。仕事や家事・育児をしながら勉強する受験生もいて、なかなかまとまった学習時間は確保できないかも知れません。

それでも、学習時間は必ず確保できます。

まずは、スキマ時間です。一国の大統領や総理大臣、大会社の経営者のような方は、どんなに忙しくても、いや忙しい方ほど、様々な勉強をしています。決してまとまった時間ではないはずです。そう、スキマ時間です。どんなに忙しくてもスキマ時間は存在するのです。

まずは、一日のスキマ時間を洗い出しましょう。電車に乗っている時間、会社の休み時間、待ち合わせ場所での待ち時間、エレベーターに乗っている時間……日々の生活の中から、「ここだ！」と思う時間を発見して喜びましょう。

そして、スキマ時間を有効活用するためには、スキマ時間に何を勉強するかをあらかじめ決めておくことが重要です。短い時間ですから、そのときになってから、「さて、何を勉強しようか」では時間のロスになってしまいます。おススメなのは、スマホのアプリです。どんなスキマ時間でも、スマホを持たないで過ごすことはなく、小さくてササっと取り出せるので、時間の短縮を図ることができます。

そして、スキマ時間だけの学習内容を準備しておくと、その時間を利用する必然性が高まり集中力も高まります。「○○科目」は電車の中だけで勉強する、と決意することで、電車の中でしかできない科目というプレッシャーのため、サボることができなくなってしまいます。

最後に、スキマ時間の活用は、まとまった時間が取れないときの次善の策ではない、ということを覚えておきましょう。まとまった時間を集中して勉強することはなかなか難しいものです。五分×一二回＝六〇分という同価値の等式にはなりません。六〇分集中し続けるのは難しく、ふつうは中だるみが起きてしまいます。五分のスキマ時間であれば、勉強を始める瞬間から「締切り効果」が働き、最高レベルの集中力で勉強することも可能です。

スキマ時間ですぐに分厚いテキストを取り出すことはできませんが、スマホで勉強できると効果的です。会社の休憩時間に、分厚いテキストを出すのはちょっと、というときでも、スマホなら自然と取り出せます。

次は、ながら時間です。これも意外に多くの時間を探すことができそうです。何かをしている時間であっても、耳だけは空いていることも多いからです。例えば、ご飯を食べている時間、歯を磨いている時間、単純な作業をしている時間、目や手は動かせませんが、耳だけは空いています。音声での勉強を取り入れて、学習時間に変えていきましょう。

ちなみに、『9フレーム』が身についてくると、スキマ時間やながら時間を探さなくても、そのときが来れば「ここがチャンス！」と心の中で呟きながら、勉強を始めることができるようになります。

楽しく実践

スキマ時間やながら時間にやるべきことを事前に決めて、そのときが来たら「ここがチャンス！」と楽しく勢いよく始める。

時間を有効活用することができ、かつ想定以上の大量かつ集中できる学習時間を確保できる。

行動シフト時間

前の行動から次の行動に移る時間を、キュッと詰めることが大切です。
家に帰ってから勉強を始めるまで、ご飯を食べてから勉強を始めるまで、何となくダラダラしてしまい、意外と時間がかかっていませんか？　この行動シフト時間を短くすることで、より多くの学習時間を確保することができます。
行動が終わってから勉強する気持ちを創るのではなく、その行動が終わる前から気持ちを創っておくことが大切です。例えば、帰宅してから「ふーっ」と一息ついて、それから勉強を始めようとすると、その一息が長くなりダラダラしてしまいそうになるので、帰宅途中、家が近くなってきたら「よし、やるぞ！」とテンションを上げ始めましょう。そして、家に帰ったら一息つくことなく勉強を始めます。五分でもいいです。五分勉強してから「ふーっ」と一息ついたほうが、ダラダラせずに過ごすことができます。

そして、この行動シフト時間の最大の敵は、ぼーっとしてパソコンやスマホをいじってしまう、ネットサーフィンやユーチューブではないでしょうか。ダラダラと大量の時間を持っていかれるのもよくあることです。

そういうときには意志の力が弱まってしまっており、「もうネットはしない！」と決心しても、ビシッとやめることはとても難しいものです。意志力だけに頼るとなかなか勝てません。

私は、このようなネットの罠にはまりそうになったときには、無理にネットをやめようとせずに、ネットを見ながら背筋をビシッと正したり、肩などの軽いストレッチをして体を動かしたりすることにしています。

ネットの罠にはまっているときには背筋が丸まり、首も肩もこわばり、体の動きがなくなっているからです。そして、背筋をビシッと伸ばしながらでは、ダラダラした気持ちにはなれないものだから、どこかで「よし、この動画を見たら勉強しよう」と思えるようになります。

ただし、このネットの罠に一〇〇％勝てる人はいないので、とにかく自分を責めずに、「こんなこともあるさ、だって人間だもの」くらいに自分を許してあげましょう。『9フレーム』では、自分を責める必要は、常にゼロです。

楽しく実践

勉強を始める直前ではなく、

前の行動が終わりかけるときから、勉強のイメージや気持ちを創っておく。

（行動と行動の間にダラダラする無駄な時間が入らずに、スムーズに勉強につなげられる。）

三〇分枠

まとまった時間が取れるときの学習時間と休憩時間について見ていきましょう。

多くの受験生が、一時間勉強して一〇分休み、のようなサイクルで勉強しているようです。それが上手く回っているのであれば、変える必要はありませんが、より良い学習時間の創り方を手探りしている場合には、ぜひ「三〇分枠」というのを実践してみましょう。

人間の集中力は、四〇分から一時間ほどが限度といわれています。そのため、一時間続けて勉強してしまった場合には、かなりの体力を消耗して、なかなか回復しにくくなります。一〇分休んでも、次の一時間は厳しくなるかも知れません。

そこで、勉強時間は、三〇分の枠と決めて、三〇分でできることを一気にやり抜きましょう。一時間の設定のときよりも明確に集中力は高まるものと思います。

一時間一本勝負の勉強を始めたときには、ゴールが遠くてテンションが上がらず、いったん上がっても中だるみが起きたりします。ところが、三〇分一本勝負になると、始めた瞬間から明確にゴールが見えるので、最初からラストスパートの状態です。しかも、三〇分であれば、誰でも十分に集中できる時間なので、最高レベルの集中力で勉強し続けることができます。

そして、三〇分が経って「はい、そこまで」となったときには、「いやいや、まだできそうなんですけど」という欲求不満な状態が発生します。これがいいのです。やめろと言われたらやりたくなる。この心理を利用して、次の三〇分に、休憩を入れずに突入することも可能になります。さらに、ひと工夫として、学習の内容をコロッと変えると、その効果はさらに高まります。暗記系から理解系へ、テキストから問題集へ、のように内容を変えると、脳の使う部分が変わるため、勉強を続けながらも脳を休めることができます。

まとまった時間があるときほど、「三〇分枠」で細切れにして、集中力を高め続けることは、とても有効です。

楽しく実践

勉強は30分ごとの枠で
コロコロ回転させていく。

集中力を持続することができ、
休憩がなくても長時間続ける
ことができる。

朝時間

夜遅くまでがんばるのではなく、朝早く起きて勉強してはいかがでしょう。その日に学習した記憶を定着させるためには、夜一〇時には睡眠に入ったほうが良いとのことですが、現代人にとって一〇時に寝るのはなかなか厳しいと思います。それでも、できる限り早く就寝して、朝早く起きて勉強を始めるようにしましょう。

夜勉強すると、その日の出来事、特に無駄な記憶が脳の中で整理されていない状態で学習することになるので、脳内が不純物で一杯です。今日起きた嫌なことや、仕事でのちょっとしたミスなど、次々と頭の中に現れてきますね。また、夜の勉強は際限なく、いつまでもダラダラとやってしまいます。

ひと眠りするとスッキリするように、朝起きたときにはつまらない記憶は消え去り、脳は新鮮な状態になっています。この状態で勉強を始めましょう。家族が起きてくる前の時間に、あるいは、会社の近くの喫茶店で始業時間まで。

朝のスッキリした脳がスイスイ情報を吸収します。
朝の勉強の充実感が自分の一日を元気にします。
明確な締切り効果が働きテンションが上がります。

朝にダラダラして成功者になった人はいません。朝の気持ちの持ち方、朝の時間の使い方は、人の人生を左右するといえます。一年の計は元旦にあり、一日の計は朝にあり、です。

楽しく実践

朝型の学習習慣を創る。

スッキリした脳で、明確な
締切り効果で集中して
勉強できる。

倍速効果

学習時間を確保するための工夫として、倍速で勉強するということも考えられます。普通の人の一時間分の勉強量を三〇分でこなしてしまえば、残り三〇分の学習時間を創り出した、ということもできます。

効率的な学習をすることにより、実質的に学習時間を増やすのと同様の効果を得られるのです。

言い換えれば、点数に結びつかない効率の悪い学習をすると、その時間は遊んでいたのと同じことになります。

とても重要なことです。

点数に結びつく効率的な学習は、さらなる学習時間を生み出す。点数に結びつかない効率の悪い学習は、実質的に学習時間ゼロと同じ。

効率的な学習については「第4章　技を創る」で説明しますので、ここでは、**学習スピードを上げて、実質的に学習時間を増加させる**ことを見ていきましょう。

学習スピードを上げるためには、自分にとって心地良いスピードで勉強していてはいけません。最低でも、一日に一回、できれば学習時間の半分は、学習内容だけではなく、学習時間を強く意識して勉強しましょう。

イメージ的には、**自分にとって心地良い学習スピードの「一・五倍」**のスピードで勉強をするということです。

そうすると、理解力が落ちそうな気がしますが、実際は、**集中力が増して理解力も高まります**。パズルを解くときも、ゆっくりやると頭も回転しませんが、時間に追われて一気に仕上げると頭も回転しやすくなるものです。

また、スピードを上げることによって、勉強にメリハリが出てきます。

自分のペースでゆったりと勉強していると、重要性が低く難易度が高い部分にやたらとこだわり、時間を浪費することになりますが、学習スピードを強く意識することによって、得点に結びつく重要な部分に意識が集中しやすくなります。

このメリハリの要領は人間にもともと備わっており、時間が限られたときに発揮されます。

例えば、いつも七時に家を出るために六時に起きている人が、たまたま三〇分寝坊して六時半に起きたとしましょう。そうすると、三〇分起きるのが遅くなったからといって、三〇分出発するのが遅れることになるでしょうか。絶対にそんなことはありませんね。いつもと同じ時間に出られるはずです。意識的にも無意識的にも、朝の準備の重要度に合わせて時間を割り振っているからです。例えば、ドリップコーヒーの代わりに牛乳を飲む、トーストにバターを塗らずに食べる、歯磨き時間は半分に短縮する、というふうに、いつもの朝より時間価値を高めた準備を行うことになるでしょう。時間がないから、ズボンをはかないで出かけるということはありませんね（笑）。どんなに時間がなくても、ポイントは外さないはずです。

学習時間を短めに設定することで、このメリハリ効果を遺憾なく発揮することができます。まさに、効率的な勉強になります。

さらに、学習スピードを上げることで、脳の回転も早まります。脳は日常生活に必要なスピードでしか回転しません。反対に、必要であれば、日常生活のときの数倍の速さで回転することもできます。

例えば、映像や音声での学習をするときに、いきなり一・五倍速で視聴すると、「早っ！」と感じますが、その後二倍速でしばらく視聴してから、一・五倍速に戻すと「遅っ！」と感じます。二倍速で視聴することにより、二倍速で情報処理を行うのに最適化された脳の状態になります。その後に一・五倍速にすることで、脳は遅いと感じるのです。

また、一・五倍にスピードを上げることによって、本試験にも強くなります。本試験で緊張して実力を発揮できなくなるのは、解答時間が足りない、またはギリギリになってしまうから、ではないでしょうか。時間に余裕があって、問題を二、三回転も繰り返し解く時間があれば、不必要に緊張することはなくなるはずです。そして、それは十分に可能なことです。

本試験の解答スピードは、必ず上げることができます。

ただ、そのためには、それなりのトレーニングが必要です。普段ゆっくりと歩く練習をしているのに、本番だけ全速力で走れるはずがありません。

本番で走るのであれば、練習でも走るべきです。むしろ、本番以上に早く走る練習をしておくべきです。

三〇分で一〇ページが心地良いスピードであれば、三〇分で一五ページの勉強をする、というように、時間に追われて勉強をするクセをつけておきましょう。

楽しく実践

学習スピードを上げる。

多くの勉強時間を生み出し、
脳の回転を速くし、本試験
にも強くなる。

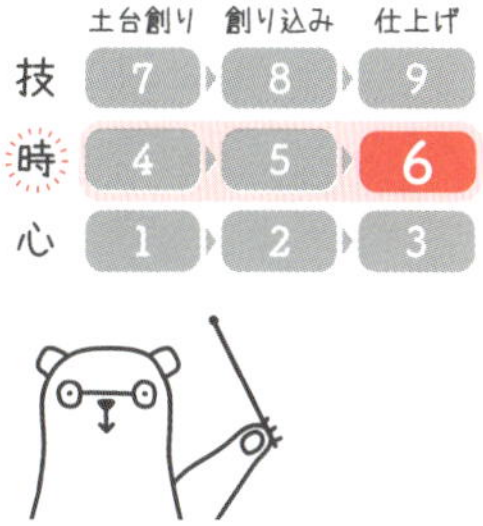

Frame 6

時の仕上げ
「計画と見える化」

計画表

さて、学習計画表の作成について見ていきましょう。

『9フレーム』のコンセプトからすると、本当は、計画表を作成しなくてもよい状態にすることが理想です。

大好きなマンガを読むときに、計画表を作成して計画的に読み進めることはありません。勉強についても、空いている時間を喜々として見つけ、今やりたい科目の勉強に振り向けていけば、ほとんどの資格試験を十分に合格することができるでしょう。

ただ、それでも計画表を作成するほうが、勉強が習慣化しやすいことは間違いなく、また、計画表の通りに勉強を進めてシールを貼ったりマーカーで塗りつぶしたりして、進捗度を見える化したほうが、やる気が高まります。

それでは、計画表を作成するときに、どのような点に注意していくべきか、について見ていきましょう。

まずは、下準備として、全体像を把握することが大切です。スタート地点とゴール地点を知りましょう。

そのためには、できる限り早い段階で過去問を見ることです。初挑戦の場合には問題を解く必要はありませんが、問題と解答を見比べながら、どのくらい理解できるか、どのくらいチンプンカンプンかを知ることで、テキストを一回転しただけで合格できそうか、テキスト・問題集を一〇回転したら合格できそうか、という大まかな実感を得ることができます。

合格するために、自分が必要な勉強量が把握できたら、それを学習計画表に落とし込んでいきましょう。その際のポイントは、三つあります。

Point 1 模擬試験をゴールに

よほど直前期に慌てて勉強を始めるのでない限り、計画表は模擬試験の日程をゴールに設定しておきましょう。

ネットで、模擬試験の日程を調べて、そのときまでに合格ラインに乗るように学習を進めておくべきです。模擬試験をゴールにしておけば、模擬試験で浮かび上がった課題を、本試験までに解決していくという調整を行うことができるからです。

そして、その時期になれば、本試験までにやるべきことは、おのずから明確になっているでしょう。

Point 2 学習時間ではなく学習クオリティーで

学習時間でスケジュールを組んでいくと、時間をこなすことに意識が傾いてしまい、学習するというワーク自体が目的化してしまいます。

テキストで、まずは目を通し、五割ほど理解する。問題集で正答率七割を取る。そのように、学習時間ではなく、どの程度のクオリティーでどの程度の勉強をするのか、という学習量でスケジュールを組んでいきましょう。学習時間は短いほうがいいのです。

Point ③ 計画は最低限のルールとして

学習計画表を高いレベルの目標で作成してしまうと、毎日それに追いつかずに息切れし、だんだんと自己嫌悪に陥ってきます。それでも、アップアップの状態を楽しめる受験生は、ガンガンにプレッシャーをかけて、自分を追い込むのもいいでしょう。でも、一般的には、長続きする計画を立てるのが得策です。

学習計画表は、最低限守らなければならないルールとして設定しておき、日々ほぼ全てクリアーできる状態にします。そして、その日の計画をクリアーしたら、プラスアルファの勉強として、その日にやりたい科目、やるべき科目を勉強していくほうが、気持ちも高まってくるものと思います。

以上、三つのポイントを示しましたが、中期・長期の学習計画は大雑把であることが重要です。今、何をどのように勉強するのが最も効果的か、ということが三か月前から予測できるはずがないのです。

また、仕事の関係や家族での様々なイベントによって、計画は大きく変わることもあるでしょう。

楽しく実践

ポイントを押さえながら、大雑把に学習計画表を作成する。

今後の勉強の大きな流れが自分ゴト化されて、習慣化されやすくなる。

TODOリスト

家事・育児や自治会やPTAなど、勉強以外のスケジュールについて、リストを作っておきましょう。

勉強しているときに、「あー、そういえば、○○の書類、後で書かないとな。○○を後で買っておかないとな」と思いついたりすることがあります。それを、そのままにしておくと、勉強中にも、チラチラと頭をよぎり、ノイズになってしまいます。

そこで、思いつくたびに、願書の提出やそのための写真撮影などを含めた様々な、やるべきことをリスト化しておきましょう。

学習時間を確保するために、そして学習時間は学習に集中できるようにするために、学習以外の時間にどのように対応するのか、とても大切です。

楽しく実践

思いつくたびに、

TODOリストに記入していく。

脳の空き容量を増やして、
勉強に集中できるようにする。

寝る前のイメージ作り

中長期のスケジュールは大雑把であっても、翌日のスケジュールはある程度詳細に作成しておくことがおススメです。特に朝のスケジュールは、具体的に書き込んでおきましょう。

朝を充実させると、その日一日が充実したものとなります。一日の充実の積み重ねが人生を豊かにします。朝を大切にするだけでも人生が変わってきます。

朝学習の最大の敵は、もちろん寝坊。人生とは、朝寝坊との戦いです。

そこで、寝坊をしないための仕掛けをしておきましょう。脳には、よくわからない将来を不快に思う性質があります。そうすると、その日一日がどのような日かよく理解していないと、目覚ましが鳴っても「あー、あと五分」と、目覚ましを消してしまい、二度寝、そして、寝過ごしへというコースをたどります。そうならないためには、前日のうちに、朝起きるところから明確にイメージしておくことが大切です。

五時三〇分　起床して、顔を洗って、オレンジジュースを飲む
五時四〇分　ダイニングテーブルで、テキストの五二～八四ページを読む
六時四〇分　出発の準備開始……

のように、具体的にイメージしておきましょう。

さらには、前日のうちに、「テキストの五二～八四ページ」に軽く目を通しておき、目印の付箋を貼り、翌朝に該当箇所を読み込んでいる自分を明確にイメージしてから寝ましょう。翌朝の学習内容を含めた一日のスケジュールが明確であればあるほど、寝坊する確率は下がります。

今日という一日を具体的かつ明確に脳内に描いて準備してある場合には、目覚まし

が鳴ったときに、その通りのスケジュールで進むことが脳にとっては「快」であるために、もう五分寝たい気持ちよりも、予定通りに勉強している自分のイメージが優先され、それに引きずられていくのです。

一方で、翌朝早く起きて「何か」勉強しよう、くらいの漠然としたイメージだと脳はそれを現実のものと捉えることができず、よくわからない世界に飛び込むことを「不快」と感じたまま朝を迎え、目覚ましが鳴ってもフワフワの布団の世界、夢の世界に留まろうとするのです。

さあ、明日は、どのような朝が待っているでしょう。

楽しく実践

寝る前に翌朝の勉強を具体的にイメージして寝る。

寝坊する可能性が減り、
スムーズに朝学習に
取り組める。

column

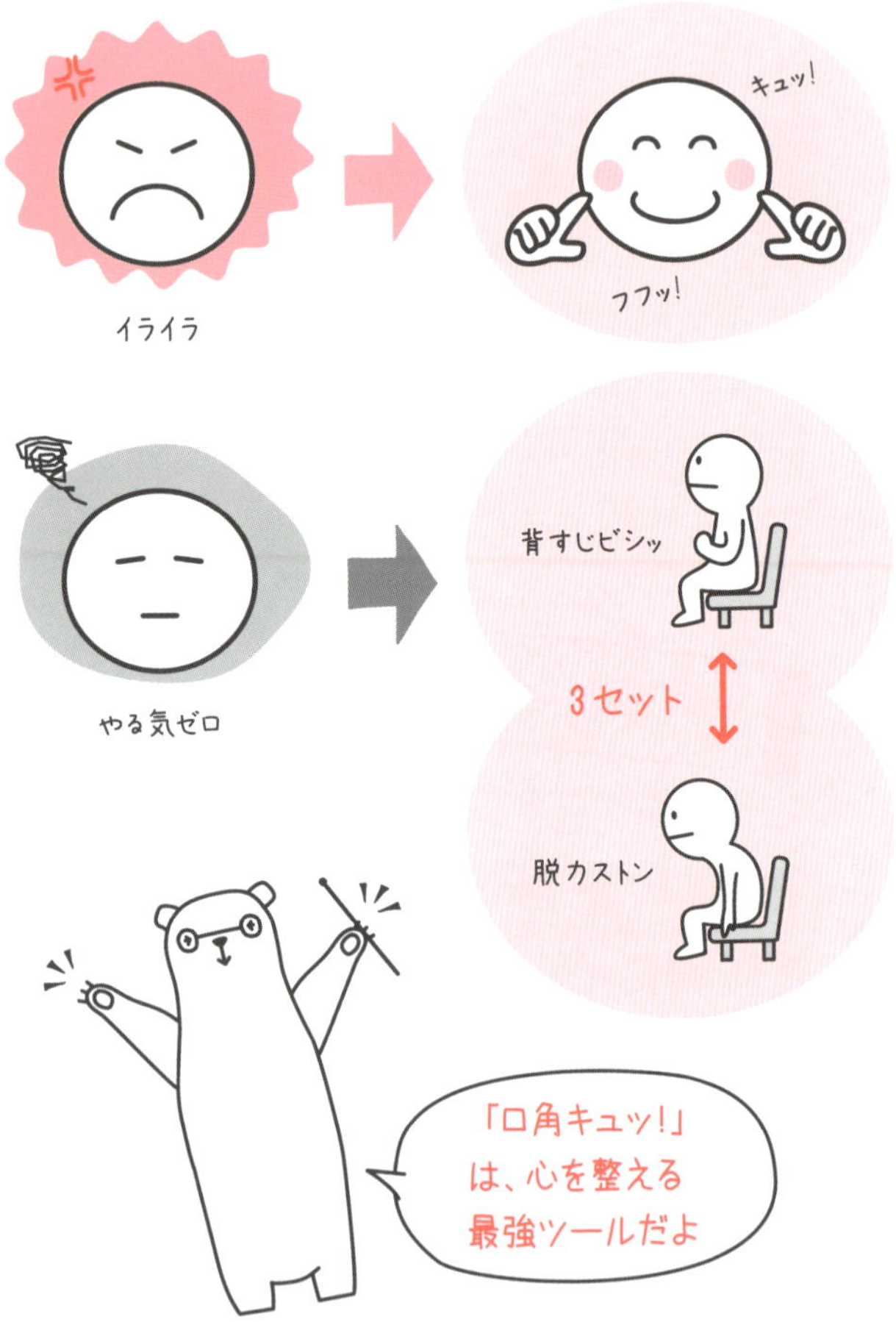

脳にサインを送る

怒りやイライラ、不安や焦りなどマイナスの感情を消して、プラスの方向に動かしたいとき、口角をキュッと上げてみましょう。感情は表情筋に表れますが、反対に、表情筋を動かすことで感情を動かすこともできます。口角をキュッと上げて、「心をプラスに動かすよ！」と脳にサインを送りましょう。口角を上げながら少しフフッと鼻から息を漏らして軽く笑ってみると効果的です。

また、いまひとつテンションが上がらないときは、腕をグルグル回したり、シュッシュッとシャドーボクシングをしたりするなど軽く体を動かすことがおススメです。座っている姿勢であれば、背筋を思いっきりギュッと伸ばして、ストンと脱力する、を3回繰り返して、「よし、やるぞー」と脳にサインを送りましょう。

どちらにおいても、脳に「サインを送ってますよー」と意識することで、効果が高まります。

Nine Frame

第4章

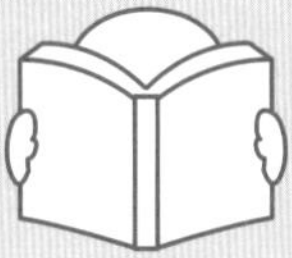

技を創る

Frame 7 技の土台創り

「暗記」

暗記が最重要

わからないことをわかりたがるのが人間というものです。

でも、試験では、やはり暗記が最も重要です。暗記さえできれば、ほとんどの試験に合格することができます。マークシート式の試験であれば、暗記で十分です。論文式の試験であっても、暗記が完璧なら、勉強は八割以上終わったようなものです（資格試験により異なりますが）。

よく、「暗記」と「理解」のどちらが重要かと話題になることがありますが、私は、即答で、「『暗記』のほうが重要です」と答えています。

二〇年間、資格試験の講師をしてきて気づくのは、暗記は十分に終わっているのに、理解が不足していて合格できなかった受験生に出会ったことがない、ということです。反対に、合格者以上に内容を理解しているのに、暗記が不足していて合格できなかった受験生は、残念ながら、ものすごく多いのが事実です。そして、さらに残念なことに、そのような受験生は、翌年の再受験で、暗記ではなく、さらなる理解を求めてしまう傾向があります。

働きながら初学で一発合格する受験生の特徴の一つは、「知識が少ない」ということが挙げられます。知識は少ないのですが、その知識の一つひとつが確実に暗記されているのです。基本的な知識では、あれはああでこれはこうでということを、瞬時に言えるレベルで暗記しています。その一方で、少し難しい内容になったら、「全くわかりません」ということになります。それでも、合格できるのです。知識を絞り込んで、その分、確実に暗記しているのです。

学習時間が多いのに得点が伸びにくい受験生の特徴の一つは、知識が広かったり深かったりしますが、基本的な知識の暗記ができてなくて、「えーと、えーと、確か……」となってしまう状態であることが多いと言えます。疑問に思ったことをネットなどで調べたりしますが、疑問を解決することに時間を取ってしまい、基本的な知識の暗記に時間を割いていないのです。

知識を広げる、深い理解を求めてしまう……不安な気持ちは十分に共感できます。前年の試験で不合格になってしまったがために、より広い知識を求め、より深い理解を求めて……となってしまうのです。

でも、多くの受験生にとって、合格するために必要なのは、知識を広げることではなく、理解を深めることでもなく、むしろ、できる限り知識を狭く絞って、それを確実に暗記することなのです。

例えば、合格率一〇%程度の試験であれば、実は受験生の五〇%近くは、すでに合格に必要な知識を持っているのです。合格に必要な理解もしていると考えていいでしょう。そう、合否の分かれ目は「暗記の確実性」にあったのです。多くの場合、間違えた問題についても、解答・解説を見れば、多くの問題について「あー、そうそう、そうだった！」となります。すでにわかっているのです。あとは、その知識が形を整えて、出てきやすい状態になっていれば合格できたのです。

「理解」より「暗記」が重要であることを示す事例は、いくらでも挙げることができます。

例えば、私自身のことですが、行政書士試験を受験する際には、最重要科目である「行政法」について、全く初めての勉強でした。当時まだ若く、役所に行ったこともなく、行政法のイメージが全く湧かなかったのですが、スクールに通う余裕もなかったので、気合いを入れながら、ただひたすら暗記しました。

過去問や予想問題を見れば、だいたい何をどのように問われるのかがわかるので、ただひたすらに暗記しました。気合いを入れた暗記の結果、行政法は模擬試験でも本試験でも、満点かそれに近い点数を取ることができました。暗記しまくったから満点を取って当たり前、という感覚でした。

ところが、その後、講師として行政法を教える立場になり、悲劇が襲ってきました。受験生時代に満点近く取っていたにもかかわらず、全くわからないのです。まさか、スクールの講義で、「このページ、暗記です」「ここも暗記です」「理解できなくても結構です」と言うわけにもいきません。講義の予習では、ひたすら文献などを調べて、理解して、そして、講義では、しっかりと噛み砕いて説明しました。行政法講義の予習の日々は本当に大変だったと、今でも蘇ってきます。調べるたびに、それまで自分がしていた理解や持っていたイメージがことごとく間違いであったことに気付き、焦りながら、次の講義の予習をする日々が続きました。

受験生時代は、暗記、暗記、暗記……

講師時代は、理解、理解、理解……

と、同じ行政法ながらも、全く異なる勉強をしたものです。そして、講師になって三年も過ぎたころには、行政法の理解の広さと深さは、講師としても十分に自信を持てるレベルになりました。そして、その年の本試験問題を自信満々に解答してみました。さて、行政法の得点は……

七〇点（七〇％）！

「えっ？」

こんなにも広く深く理解して、テキストに書いてあることを滞りなく説明できるのに……受験生時代には一〇〇点取れていたのに……ショックでした。茫然自失。

でも、考えてみれば、当たり前のことなのです。択一式の問題に、深い理解を問う問題など出てこないのです。要は、確実に暗記しているか、ということなのです。よくわからなくても確実に暗記していた受験生時代に一〇〇点取れたのも頷けます。

講師になってからは、テキストを片手に、それを噛み砕いてわかりやすく説明します。講師に暗記の必要はないのです。講師になってからは、暗記という学習を全くしていなかったから、どんなに理解を広めても深めても、点数が下がって当然です。

他にも、暗記の重要性を示す、次のような例があります。

どんな試験にも、こうしたことはあるものですが、とても細かい論点で、考え始めると結構難しいけれども、解答を出すだけなら簡単、つまり結論を暗記してオシマイ、というものです。

そのような論点で、私も、「『AはBである』ここは考えると難しいのですが、結論だけ押さえていただければ結構です。『AはBである』五秒で覚えられます！」と講義したことがありました。その講義後、受験経験者の方が、「『AはBである』とは、どのような意味なんでしょうか」「『AはBである』のはどうしてでしょうか」と質問に訪れました。実力のある受験生でしたので、それから三〇分程その論点につき、質問と回答のやりとりが続きました。やがて理解したようですが、そのあと自宅で少し復習されたようです。

その後、科目の確認テストを実施しました。まさに、その論点が出題されました。特に重要論点ではなく、『AはBである』を暗記しておくだけで解ける簡単な問題でした。やはり、全体の正答率は高く、クラスのほとんど全員が正解していました。きのうきょう勉強を始めた初学者の方も全員が正解して……間違えたのは、一人だけ。

「えっ？」

成績表を見て、息が止まりそうになりました。間違えたのは、質問に来たその方だけでした。五秒で覚えてオシマイの枝葉の論点を、三〇分かけて理解し、さらに復習までした、その方だけが不正解でした。

確認テスト後に、その方が再度質問に訪れ、「Aは○○で××だから、△△と考えて、Bではないと思うのですが……」とのことで、改めて三〇分程、質問と回答のやりとりが続きました。

やはり、試験の合否を決めるのは暗記だ、と思える事例集を作成すれば、私の経験だけでも、簡単に本一冊になるほどです。

私は、暗記と暗記がつながったところに理解が生まれると思っています。

もちろん、暗記するためには、最低限の理解は必要ですが、それは、日本語としての意味内容がおおよそわかるレベルであろうと思います。

確かに、公務員試験の数的処理や簿記検定のような計算試験においては、暗記の重要性は相対的に低くなりますが、それでも、公式や計算方法、計算の流れを確実に暗記することができれば、計算の練習量を減らしても合格することができそうです。

当然、一〇〇％理解して、一〇〇％暗記するのが理想です。

ただ、受験生の学習時間は有限なのです。特に社会人受験生には、そのための時間がありません。そのため、何に時間を充てるべきかという観点から考える限り、圧倒的に多くの受験生は暗記のための学習時間が足りていません。一方、理解のための学習時間は、まだまだ削減する余地があるものと思われます。そこで、理解に用いている学習時間を、もう少し暗記の学習時間に充ててみることを検討しましょう。

楽しく実践

日々の勉強において

暗記の重要性を意識する。

より多くの勉強時間を
暗記に充てることで、
得点につながりやすい
勉強になる。

暗記を決意する

暗記の重要性がわかったところで、では、どのように暗記すればいいのでしょうか。

大切なことは、何となく暗記することはできない、ということです。

例えば、テキストを読んでいるときに、

「今、暗記しているのか?」

「今、理解しようとしているのか?」

「今、記憶の喚起をしているのか?」

と質問された場合に、いつも即答することができるでしょうか。できないとすると、「暗記」しているのか、「理解」しようとしているのか、「記憶の喚起」をしているのか、よくわからずに勉強していることになります。

何を目的にテキストを読んでいるのでしょう。ここを明確に意識しなければなりません。

「よしっ、暗記するぞ！」
「よしっ、理解するぞ！」
「よしっ、記憶の喚起をするぞ！」

と、明確に決意して勉強することが大切です。ただし、「理解するぞ！」という決意はそれほど必要ではありません。何かの文章を読む以上、特に意識しなくても、理解しようとしてしまいます。「理解しようとしないで読んでください」と言われても、そうしてしまうのです。つまり、明確に意識をしていないテキストの読み込みは、「理解」のためのテキスト読みになります。言い換えると、「暗記」のためのテキスト読みではないのです。

テキストを何回読んでも覚えられない、暗記できない……。当然です。そのテキスト読みは、「理解」のために行っているのですから。

脳は、放っておいても理解しようと働きますが、暗記しようとは働きません。テキストを何回読んだって暗記はできないのです。

例えば、通勤のために、何十年と通ってきた道の途中に、ある日突然、空き地ができたときに、「あれっ？　以前ここに何の建物があったっけなー」という経験はありませんか。不思議ですね。何十年と毎日通ってきて、その建物をいつも目にしているはずですが、覚えていない。そういうものなんです。脳は、おのずと状況を把握するように働くものですが、それを超えて、何かを暗記しようとはしないものなのです。一部の天才を除いては、普通にテキストを読んだって覚えられるはずがありません。

それでは、どのように暗記すればいいのでしょうか。

暗記するためには、「暗記するという決意」と「暗記のための学習」をする必要があります。まずは、暗記するという決意についてみていきましょう。

今、「千円札」の絵を描いてみてください。

……描けましたか？　結構難しいですね。そもそも千円札って誰が載っていますか。

どのような顔、髪型、ひげ、服装、どのような枠線、模様、数字、漢字……正確に描くのは、本当に難しい。一〇年以上も毎日何回も見てきたのに、それを見たら一瞬で「千円札」だと一〇〇%わかるのに、でも、覚えていないんですね。脳って、そういうものなのです。見たらわかるものを、わざわざ暗記しようとは働かない。テキストを読んでも覚えないわけです。

ここで、たった五秒でいいのです。「千円札を暗記する」「絶対に正確な千円札を描いてやる」と決意して、千円札を凝視してください。

五秒たったら、千円札を描いてみましょう。どうでしょう。先ほどよりも、はるかに正確に描けたのではないでしょうか。スゴイことです。一〇年以上も、毎日何回も見続けてきても描けなかった千円札が、たった五秒で、圧倒的に正確に描けるようになるんです。一〇年が、五秒にひっくり返された瞬間です。

いったい何がその驚くべきパワーを生んだのか。それこそが「決意」の力です。これまで、明確に、千円札を暗記するという決意をしたことはないはずです。決意をした瞬間に、暗記力は跳ね上がるんです。
　さあ、暗記する、という決意のパワー、最大限に利用しましょう。

楽しく実践

「暗記する」と明確に決意してから暗記する。

「暗記する」というサインを脳に送るだけでも、暗記力は跳ね上がる。

目を離す

通勤路で毎日見ていても、沿道の建物を覚えることはできない。毎日千円札を見ていても、その図柄を覚えることはできない。脳とは、そういうものでした。

テキストを読むことも同じです。読むだけなら、眠くても、ボーっとしていても、「晩ご飯は何を食べようかな」と考えていても、読めてしまう。ただ読んでいるだけで、覚えるわけではありませんが。

ところが、「暗記する」と決意するだけで、暗記力が跳ね上がるのでした。

さらに、暗記するための学習をすることによって、より暗記力を高めることができます。

脳は、ただ見ているものを暗記しようとはしません。「そこにあるんだから覚える必要ないでしょ」ということです。そのため、「暗記する必要がある」というメッセージを、脳に明確に伝える必要があります。

暗記のための学習は、テキストや問題集の解説の中で、暗記するべきポイントを把握したときに、「今、暗記するぞ」と決意して、目を離して、そのポイントをしゃべってみる、できれば、目を離して、しゃべりながら書いてみる、という勉強です。

例えば、三行の文章を暗記するときに、その一字一句を暗記する必要はありません。試験で問われるポイントを暗記すればよいのです。キーワードを意識しながら、試験で問われるポイントを、目を離して、しゃべりながら書きます。

①暗記するべきポイントを把握する
②「暗記するぞ」と決意する
③一～三分程度で暗記する
④目を離して、しゃべりながら書く

⑤書いたものの正確性をテキストで確認する

「④目を離して、しゃべりながら書く」ことができなかったり、「⑤書いたものの正確性をテキストで確認する」と間違っていたり、となってしまった場合には、また、「③一～三分程度で暗記する」から始めましょう。

このように、暗記できているかどうかを、自分自身で明確に検証できる学習が、暗記のために効果的なのです。

漠然とテキストを読んでいるときには、暗記できていてもいなくても、そのまま読み進めることができるから、脳は暗記しようというふうには働きません。暗記できていなかったら、そこで止まってしまう学習をすることで、脳は、初めて「暗記する」という働きをするのです。

なお、この方法は、「③一～三分程度で暗記する」でインプットを行い、その場で「④目を離して、しゃべりながら書く」でアウトプットを行うというものです。そのため、知識をアウトプットしやすい状態でインプットできるようになります。

楽しく実践

目を離して、しゃべりながら書く。

これができれば確実に
暗記できている。
できなければ暗記できて
いない。自分でも明確に
検証することができる。

Frame 8 技の創り込み
「理解」

じっと見る

暗記の勉強は目を離しながら、でしたが、理解をする場合には、テキストに穴があくほど凝視しながら読み込むことが必要です。これだけでも、暗記するためにテキストを読むのか、理解するためにテキストを読むのか、を決めてからでないと、テキストを読み始められないことがおわかりでしょう。

難しい文や文章にぶつかったときには、わかる範囲で読み進めていきましょう。わからないところは、いったん飛ばして次に進んでいきましょう。立ち止まってしまうと、勉強が辛くなってしまいます。

わからない部分は、得点を伸ばすために不要であることも少なくありません。また、読み進めていけば解決することもあります。さらに、二回転、三回転と読み進め、実力を高めてから取り組むと、スムーズに理解できることもあります。

わからないことだらけでも試験には合格できます。完璧主義に陥ることなくテンポ良く進めていきましょう。

そして、テキストを読むときには、音読がよいのか、黙読がよいのか。

忙しい中で勉強するためには、学習スピードは生命線です。音読ではスピードを上げることができないので、スピードに勝る黙読で読むべきです。ただ、黙読では、ボーっとしたり眠くなったりしますね。

そこで、おススメとしては、テンション高めのときは黙読でスピーディーに読み進めていき、いまいちテンションが上がらないときには、大きな声でハキハキと読み進める、ということです。声に出しながらもスピードを上げていきます。大きな声で早口で読みながら、ボーっとすることはできません。嫌でもテンションが上がってきます。そうすると、音読のスピード感では物足りなくなってくるので、そこからは、黙読に切り替えます。

それでも、大切なポイントの部分や、知識の整理が必要な部分については、声に出して読むほうがよいでしょう。

どこをどのように理解するべきか、そして、どこをどのように暗記するべきか、を考えながら、テキストを読み進めます。そして、暗記するべきところが見えてきて、今すぐに暗記しようと思ったら、そのポイントについて、暗記の学習を挿入していきましょう。

なお、特に黙読でテキストを読むときには、テキストを指でなぞると、指先の刺激で、脳も活性化してきます。

楽しく実践

テキストに穴があくほど凝視しながら読み込む。

どこをどのように理解するべきか、どこをどのように暗記するべきか、を把握できる。

セルフレクチャー

テキストを読んで理解するためには、テキストに書いてある通りに、そのまま読み進めるのではなく、スクールの講師がテキストの内容を噛み砕きながら説明するように、工夫しながら読んでみましょう。

漫然と読むと、かりに頭が回っていなくても何となく読めてしまいます。この状態では、暗記は当然、理解することも難しいと言えます。講師がレクチャーするように、講師になり切ってテキストを読んでいきます。中学生に説明するつもりで、わかりやすく噛み砕いて、です。

実は、レクチャーを聞くよりも、レクチャーをするほうが、一〇倍以上も知識が定着すると言われています。

スクールを利用している人は、その講師を真似て、スクールを利用していない人は、理想の講師を想像して、身振り手振りも交えて全力で説明してみましょう。一気にテンションがＭＡＸに達します。

そして、このセルフレクチャーを始めると、すぐに気がつくのは、これまでわかっていたつもりでいたことも、実はわかっていなかったということです。

試験である以上、暗記が最も重要であると説明しましたが、やはり、理解も大切です。つまり、問題を解答するために必要な範囲の理解に絞ることが重要なのです。必要な理解を深めることによって、暗記を助け、あるいは、暗記をしなくても解答できる問題も増えてきます。

さらに、このセルフレクチャーは、テキストはもちろん、問題集の学習でも大きな効果が期待できます。問題集に慣れてきた場合には、その問題だけを見て、解説をセルフレクチャーしてみましょう。何となく正解することはできますが、何となくぐらいのレベルでは、セルフレクチャーをすることはできません。

このように、セルフレクチャーを取り入れることによって、解法の理解が大きく進みます。

楽しく実践

ステキな講師になり切ってセルフレクチャーで、テキストを読む。

解答に必要な理解が深まる。

論理関係の把握・イメージの付加

テキストを読んで理解するのは、試験の得点を伸ばすためです。学問としての勉強と、試験に合格するための勉強は、全くの別物です。

学問としての勉強は、わからないことを掘り下げてどんどん追究していきます。資格試験の勉強は、わかるかわからないかは重要ではなく、それが理解できたら得点が伸びるのかどうかが重要なのです。理解しても得点が伸びない部分は、理解する必要がありません。わからないままで構わないのです。

もちろん、楽しんで勉強するために、いろいろと理解することは、モチベーション維持のためにも有効です。しかし、その時間は学習時間ではなく、気分転換の時間であると認識してください。資格試験における学習とは、点数に結びつく学習のことです。ここを間違えてしまうと、たとえ三時間勉強していても、本当の勉強、つまり資格試験の学習をしている時間は三〇分だけ、ということになり、勉強しているのに得点が伸びない状況に陥りかねません。

また、不必要に細かい理解をすることによって、かえって混乱して点数を下げてしまうこともよくありがちです。

得点を伸ばすための理解は、「論理関係の把握」と「イメージの付加」をすることに尽きるといってもよいでしょう。

何が原則で、どのような場合に、どのような例外があるのか。ある制度に、どのような要件があるのか。そういうふうに論理関係を理解することが重要です。テキストや問題集の叙述をそのまま覚えてしまっても、本試験には対応できないからです。本試験では、テキストや問題集の叙述のままでは出題されません。

そのため、テキストや問題集の文章を、まるで味わっているかのような読み方をしてはいけません。そこに示されている論理関係を把握するのです。本試験では、その叙述のままでは出題されませんが、その論理関係が出題されます。

ここをしっかりと意識して学習すると、「テキストは読めるのに、問題集も解けるのに……模擬試験や本試験になったら、問題が解けない……」という羽目にならずにすみます。

論理関係を把握することができたら、次は自分なりに浮かんだイメージを、やや誇張して強固なものにしておきましょう。人それぞれで構いません。多少間違えていても構いません。論理関係を間違えなければ、イメージが間違っていても、得点には影響しません。イメージ付けは、理解を暗記に結びつけるために行うものだからです。

浮かんだイメージを、図にしても、絵に描いても、食べものに例えても、ショートコントにしてもけっこうです。そのポイントの重要性に合わせて、より強固なイメージにしていきましょう。ここは、想像力、妄想力の発揮のしどころです。

楽しく実践

論理関係を正確に把握し、イメージを付加する。

理解が暗記につながり、
得点に結びつく。

column

※ 用語解説　変人……自分らしく生きている人

Cチームのフォローも
お願いします!

変人が最高！我々はCチーム！

私は、本書出版の2年ほど前に、「Cチーム」に異動してきました。よくぞ集められたと驚くほどの、素晴らしき変人たちのチームです（笑）。

毎日、いい年をしたメンバーが、目をキラキラさせながら、自分たちの夢や目標を語り合っています。特に変人度の高い、Cチームリーダーのような人が、日本にもっと増えればいいな、といつも願っています。楽しく元気な社会になると思います。

さて、ここで、よーく考えてみてください。あなたが抱える悩みの多くは、他人の目を気にするところから生じていませんか。そんな人生、本当にもったいないです。

「自分は、変人だ！」と認識して、それを周囲に広げてしまえば、もはや他人の目を気にしない解放感を得ることができます。

自分らしく生きたいと思いつつ、他人の目を気にしてばかりいるのは、大きな矛盾です。

さあ、あなたも、変人の世界へ！

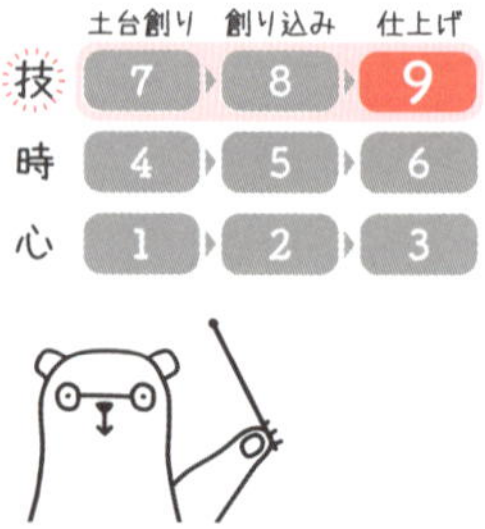

Frame 9

技の仕上げ
…
「記憶の喚起」

一ページ一秒

「暗記」の勉強、「理解」の勉強とも、じっくり型の勉強になります。いかに学習スピードを意識して高めても、やはり限界があります。テキストの冒頭から暗記・理解を始めて、一冊やり終えたとしても、またテキスト冒頭に戻ったときには、かなりの記憶が失われています。

ここで、「自分は記憶力が悪い」と嘆いてはいけません。そもそも人間の記憶とは、そのようなものです。テキストの第一章を暗記・理解しても、もう一回そこに戻ってくるのはいつでしょうか。一か月後？　二か月後？　そんなに時間が経ってしまったら、もはや忘れていて当然です。勉強した翌日ですら記憶が抜けてしまうのに、一か月も二か月も放置していたら、どんどん記憶は抜け落ちていきます。

そのため、じっくり型の「暗記」「理解」の学習と同時進行で、ささっと型の「記憶の喚起」の学習を織り交ぜていきましょう。

様々な方法はありますが、おススメは、一ページ当たり一秒でペラペラめくる学習です。三〇〇ページのテキストであれば、五分弱で一冊を読むことになります。

もちろん、一ページ一秒ですので、ページ内容の詳細を把握することはできません。読むというより見る、または目に焼き付けるイメージです。そして、見るべきポイントは大中小のタイトル、図表、太字、ラインを引いた部分など。暗記をするわけではなく、理解をするわけでもありません。

このペラペラめくる「記憶の喚起」の学習を織り交ぜることで、三〇〇ページのテキスト読みを、朝・昼・晩で五分ずつ確保すれば、一か月で一〇〇回転近くこなすことができます。試験の難易度や分量にもよりますが、理想を言えば、それぞれのテキストを一〇〇〜三〇〇回転くらいしたいところです。

楽しく実践

1ページ1秒で
ペラペラめくる勉強をする。

暗記・理解をした記憶が、
何度も喚起される。

忘却の防止

それでは、この「記憶の喚起」には、どのような効果があるのでしょうか。一番の効果は、忘却を防止することができるということです。

暗記・理解をすることで、せっかく記憶の倉庫に入れることができたとしても、その記憶は、その瞬間から、もの凄い勢いで忘れられていきます。

この記憶の忘却を防止するためには、記憶のスパンを短くすることと繰り返し記憶することです。

この点、効果的な学習のイメージとして、三倍のスピードで三回転したほうがよい、というイメージを持っておくといいでしょう。一回で、ズドンと深く暗記・理解するよりも、さらさらっと三回転したほうがいいのです、ズドンと深く暗記・理解をしたとしても、テキストを一回転するのに相当な時間がかかりますから、もう一度戻ってくる頃には、ほとんど記憶が抜け落ちています。そのため、暗記・理解をスピーディーに行うべきですが、これには限界があります。現実的には、三倍のスピードは難しいでしょう。

そこで、「記憶の喚起」という超スピーディーな学習を取り入れて、毎日触れる、あるいは毎日何回も触れるということをしておくことだけでも、記憶は消えにくくなります。

なお、ここで、一ページ一秒で見ただけでは、何も起こらず効果もないのでは……と思う受験生も多いでしょう。ただ、この学習は、暗記や理解をするのではなく、すでに暗記・理解してある、その記憶を消さないようにする学習です。

そして、この「記憶の喚起」は、「潜在意識」を巻き込む学習だと言えます。暗記や理解は、通常の「意識」で行っています。潜在意識は、その「意識」の数万倍のスピードとパワーを持っているということも前述した通りです。

一ページ一秒であっても、記憶の喚起には、むしろ十分なのです。

例えば、二〇年前に好きだったのに、最近ほとんど聞いたことがない曲があるとしましょう。ふと飲食店に入ったときにその曲が流れていたら、「懐かしい」と感じることでしょう。この「懐かしい」というのは、その曲の同一性を認識しただけではなく、二〇年前の様々な嬉しい悲しい思い出が脳裏をよぎっているのです。二〇年も前の記憶です。

では、曲が流れていることに気づいてから「懐かしい」という状態になるまで、どのくらいの時間がかかるでしょうか。ものの数秒、です。すごいことです。二〇年前の記憶が、全く予期していないタイミングで一瞬にして思い出されるのです。これが潜在意識のスピードとパワーです。

この、潜在意識を巻き込む「記憶の喚起」を挟み込むことで、暗記・理解の必要な回転数を減少させることができます。

暗記・理解を一〇回転すると合格できる試験であれば、「記憶の喚起」を挟み込むことで、暗記・理解を五回転もすると合格できるようになるでしょう。全体として、学習時間を大幅に減らすことができることになります。

楽しく実践

記憶をフワッと浮き上がらせるイメージで「記憶の喚起」を行う。

暗記・理解の必要な回転数を減らすことができる。

全体像の把握

一ページ一秒で「記憶の喚起」をする勉強は、記憶の忘却を防止するだけではなく、テキストの全体像を把握するために、とても有効な方法でもあります。

何度も何度もテキストをめくり続けると、だんだんと、そのページをめくる前に、ページが目に浮かんできます。そして、テキスト全体の構成も見えてくることでしょう。

受験生は、本試験を、その手持ちのテキストで戦う以上、そのテキストの全体の構成ごと、ビジュアルごと、丸ごと頭に入れてしまうべきです。

細かい知識を先に入れても、すぐに忘れてしまいます。

細かい知識を先に入れても、他の知識と混乱してしまいます。

細かい知識を詰め込む前に、頭の中にテキスト全体の大区分・中区分・小区分の枠組みを設定しておくべきです。そうすると、点数に直結する細かい知識も、その区分の中に、きれいに収まっていきます。

机の引き出しの整理をするとき、まずは小さいケース（枠組み）を用意してから、文房具類を収納していくのと似ていますね。

そして、本試験で、その知識を思い出すときも、「あのページと、あのページの比較の問題だな」「あのページの右下のほうに書いてあったな」というふうに、テキストの全体像やビジュアルを利用して、思い出すことができるのです。

楽しく実践

テキスト丸ごと頭に入れるイメージで「記憶の喚起」を行う。

全体像が把握でき、
ページのビジュアルも
記憶することができ、
思い出しやすい記憶に
なる。

column

『9フレーム』実践者の声！

『9フレーム』を実践している受験生の生の声が、すでにツイッター上に溢れています。ここでは、その声の一部をご紹介します。

takenoko様

合格を勝ち取りたいと思うが、合格をすることが全てではない。
そういった根底の意識を変えてくれた。
私は9フレームと出会い、人生が変わる幸せの魔法にかかりました。

くまぞう様

根拠ない自信を持つために、毎日、カレンダーに「良くできました」シールを貼っています。
子供っぽいですけどちょっと楽しいんですよ

うに様

落ちたらどうしようを
合格したら何しよう♥
間違えても今で良かった
口角上げて。。仕事も楽しくできるようになりました
朝勉は、一緒におきて頑張っている仲間に励まされる毎日です(*^︶^*)♥

『9フレーム』応用編

『9フレーム』を応用する

前章までで学習法としての『9フレーム』の説明は終了です。ここでは、『9フレーム』を応用して、仕事、家事・育児、スポーツ、人間関係、ダイエット、禁煙などについて、目標を達成することを考えてみましょう。

実際に、『9フレーム』を実践している受験生も、多くの方がそれを仕事にも応用しています。

もちろん、『9フレーム』のコンセプトの通りに、楽しくです。

それでは、仕事に応用して考えてみましょう。

基本的には、『9フレーム』の応用については、「フレーム0」から「フレーム3」までの「心を創る」を活用することで、その目標を達成することができるでしょう。

マンガを読むのと同じくらい楽しく勉強ができたら試験に合格できる、のであれば、自分の好きな遊びと同じくらい楽しく仕事ができたら仕事上の目標を達成できるものと思います。

「フレーム0」については、勉強法におけるのと同じ実践内容になります。例えば、いつも感謝の気持ちを持って過ごすのだから、勉強できることに感謝、仕事できることに感謝、です。もともと「全てに感謝」ですので、変わることはありません。

そして、「フレーム1」で、仕事上における「成功した自分」を明確に思い描きます。次に、「フレーム2」で、成功に至るルートを思い描き、そのプロセス自体を好きになり、楽しむことにします。さらに、「フレーム3」で、仕事に対して、前向きな言葉のシャワーを浴びせ続けます。

ただ、仕事には様々な人間関係があり、多くのプレッシャーや少なからぬ理不尽もついてまわります。そのため、自分で勉強しさえすればよい試験の合格とは異なり、『9フレーム』を実践することについての困難も伴うでしょう。

ここで大切なことは、たとえ少しずつでも、『9フレーム』のスキルを高めて、怒りやイライラを緩和したり、仕事上の喜びを得たり、ということを重ねていくことです。なかなか上手くいかないからといって自分を責めてはいけません。少しずつで良いのです。

いつか気がついたら、それが大きな変化になっているはずです。そうなってくると、仕事が楽しくてしょうがない、という状態も夢ではありません。

好むと好まざるとにかかわらず、人生の多くの時間を仕事に費やす以上、『9フレーム』を実践して、楽しく仕事をするほうが良いに決まっています。

『9フレーム』でダイエットしてみる

それでは、少なからぬ受験生が興味をお持ちのダイエット。

ぜひ『9フレーム』でダイエット目標を達成してみましょう。

前述した通り、私がこれまでに磨き上げた学習法を『9フレーム』としてまとめ、初めてセミナーを実施することが決まったとき、私のお腹周りはぷよぷよの状態でした。「痩せなきゃなぁ」とわかっているものの、なかなか実行に移せませんでした。

そこで、セミナー実施の二か月前に、「よし、『9フレーム』をダイエットにも応用する」と決意して、セミナー時にはベスト体重で臨むべく、「二か月で八キロ」のダイエットに取り組みました。忘年会やお正月のごちそう攻めを迎える時期であったために、なかなか困難な挑戦です。

さて、このダイエットという目標ですが、『9フレーム』にとても向いていると思います。簡単に言うと、食べる量を減らせば痩せる、というわかりやすい目標達成ルートですから。さらには、食べる量を減らして運動量を増やせばもっと痩せる。わかりやすいですね。

恐らく、ダイエットの最大の敵は、「食べたい気持ち」ではないでしょうか。「自分の心を自分で動かす」、それだけでダイエットが成功してしまいます。

実際に、私も何の苦もなく、というよりも楽しんで、「二か月で八キロ」のダイエットに成功し、リバウンドも全くありません。苦しんでダイエットに成功したとしても、リバウンドが起こるのは容易に想像できます。やはり、ここでも、楽しく実践することの効果は絶大です。

それでは、実際に、どのように『9フレーム』でダイエットを行うのか、具体的に見ていきましょう。

まずは、試験勉強の効果を高めるために、すでに「フレーム0」にしっかりと取り組んでいることが前提となります。

毎日、自分の心は自分で動かすと決意していれば、何かにムシャクシャして暴飲暴食することはなくなります。また、一口一口感謝しながら味わって食事をすれば、少量の食事でも満足度が高まります。そして、ダイエットしている自分にワクワクしましょう。「ダイエットって、楽しい」「ダイエットって、幸せ」と。ダメかも知れないという不安に陥ることなく、ダイエットが成功するという漠然とした、しかし強固な自信を持つことです。これらが、ベースとなる「フレーム０」。

そして、「フレーム１」です。

「ダイエットに成功した」セルフイメージを構築しましょう。目標を達成している自分の姿を、毎日何度も、具体的に明確に描きましょう。例えば、友達に「スゴーイ」「いいなー」と言われているイメージです。目標達成後の洋服をあらかじめ購入していつも見えるように飾っておく、というのもいいでしょう。なお、私の場合には、来たるセミナーの冒頭で「皆さん、『９フレーム』は、様々な目標達成にも応用できるツールなのです。私も、『9フレーム』で、二か月八キロのダイエット目標を達成してまいりました！」と発表するイメージを毎日楽しく繰り返していました。

次に、「フレーム2」です。

達成ルートを設定しましょう。その時々に「○○ダイエット」などと言われているものを取り入れてもいいでしょう。また、単純に「食べる量を減らす」だけでも十分です。試験の合格とは異なり、テクニック不要の、極めてシンプルな目標達成ルートです。

そして、「食べる量を減らす」という手段・方法を信じること、好きになることが重要です。「食べる量を減らす」のが好きになるように自分の心を動かします。そのためには、何かしらの情報を仕入れたほうがいいでしょう。

例えば、食べないほうが健康だ、という情報です。ネットで調べるといろいろと出てきます。お腹が空いてグーグー鳴っているのは、胃を洗浄している状態で、その際にはグレリンというホルモンが分泌されて、血液や肌がきれいになるようです。どうですか？　お腹がグーグー鳴っているときに、「あー、私キレイになっている」と思うと、お腹がグーグー鳴ることが楽しみになりませんか？

他にも、食べる量を減らすと食べる時間も減り、学習時間が増える、眠くならずに勉強に集中できる、お金の節約もできるなどなど……

また、反対に、砂糖は体に悪いという情報です。これも、ネットで調べると、いくらでも出てきます。「うわっ、砂糖こわっ！」という感情を意識的に持ち続けると、自然と甘いものから遠ざかっていきます。

ここで大切なことは、それらの情報が、正しいかどうかではなく、自分の目標達成のためにプラスになるかどうか、という観点から、大胆に情報の取捨選択をすることです。目標達成にとって都合の良い情報だけを吸収して、自分の心に刷り込んでいくことです。

最後に、「フレーム3」です。

自分に対して、圧倒的な言葉のシャワーを浴びせて、その気にさせ続けることが大切です。「ダイエット目標達成後の自分」「食べる量を減らすのが好きな自分」を、口にも出し、頭の中でも、前向きに呟いてみましょう。食べるのを我慢しているのではなく、食べる量を減らすことが楽しいのです。

私のダイエットでは、白いご飯は子どもの茶碗に半分くらいでした。口角を上げて、楽しくご飯を眺め、心から感謝してありがたくいただく。ほぼ二口、三口のご飯を、これほどの喜びをもって食べる日本人は、自分くらいだろうと考えると、ますます自分は幸せだ、と思えます。お腹も心も満ち足りるのです。

『9フレーム』は、目標の達成に最適化するように、自分で自分の心を動かすスキルです。他にも様々な方法があるものと思います。ぜひ工夫をしてみましょう。

なお、食べる量を減らすだけであれば、「時を創る」は、特に必要ありません。もちろん、運動をするとなると時間管理が必要になってきます。

また、「技を創る」においても、

「フレーム7」食べる量を減らす

「フレーム8」運動する
「フレーム9」毎日体重を図る
のように、工夫をしてみてもいいでしょう。
以上、ダイエットについて説明しましたが、あくまで『9フレーム』を応用する流れを理解するために、一つの具体例として見てきましたので、他にもどんどん楽しく応用してください。
『9フレーム』には、目標を達成するためのフレーム思考という役割があります。
ぜひ、自分なりの『9フレーム』を創りあげていきましょう。

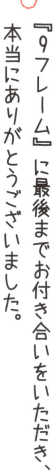

エピローグ

『9フレーム』に最後までお付き合いをいただき、本当にありがとうございました。

すでに書店では、様々な学習法の本が溢れています。素晴らしい肩書を持つ先生方、素晴らしい業績を残されている先生方の著書です。私も、そのような書籍よりも優れた学習法を考案しようと尽力したのですが、そこに至ることができたのかどうかは定かではありません。

それでもなお、私は、この『9フレーム』が、多くの受験生にとって、「最強の学習法」であることを確信しています。そして、『9フレーム』セミナーを実施して、多くの受験生と接するたびに、その確信をより強固にしています。

かつて、私自身「なりたい自分」「やりたいこと」があったにもかかわらず、その手段である勉強を始めるということ自体の前に高い壁が立ちはだかり、もがき苦しんでいました。しかし、その日々は、全て、この『9フレーム』を世に送り出し、多くの受験生が抱える同じような悩みを解決するためであったのだと、これまでの人生でのできごとが次々と繋がってくる喜びを覚えています。

さあ、『9フレーム』を実践しましょう。

あなたの目標を次々と達成して、夢を実現するために、『9フレーム』を思う存分に使い倒していきましょう。

私の夢は、「一人ひとりが楽しく成長して輝ける社会」を創ること。

そのために、日々奮闘している受験生の心を明るく楽しくし、そして、合格という目標を効果的に達成してもらうために、『9フレーム』を一人でも多くの受験生に届けていきます。

『9フレーム』の理念に共感していただけたなら、ぜひツイッターで「#9フレーム」のハッシュタグを付けて、自分を楽しく前向きにするツイートをしてください。それは、他の受験生、そして社会を明るくする大きなパワーにもなります。

それでは、『9フレーム』セミナーで実際にお会いできることを楽しみにしております。

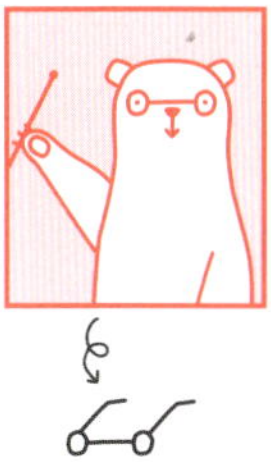

資格の大原 中の人

“資格の大原”カリスマ講師（自称）。

行政書士、宅建士、公務員講座を中心に、20年の講師経験を持つ。

現在は、画期的なWEB学習ツール『時間の達人シリーズ』の製作に携わっている。

行政書士、宅地建物取引士、マンション管理士、総合旅行業務取扱管理者、リテールマーケティング（販売士）検定1級など、30以上の資格検定試験に合格。

モチベーションの向上や効率的な学習法について、日々研究中。

しあわせ学習法9フレーム

2019年7月18日　初版発行

著　者　資格の大原 中の人

発行所　大原出版株式会社
〒101-0065 東京都千代田区西神田2-4-11
TEL 03-3292-6654

編集・ブックデザイン・DTP・印刷・製本　(株)メディオ

ISBN978-4-86486-678-1

資格の大原 Twitterアカウントのご紹介

資格試験に役立つ
情報や、講師からの
応援メッセージを
お届けします。

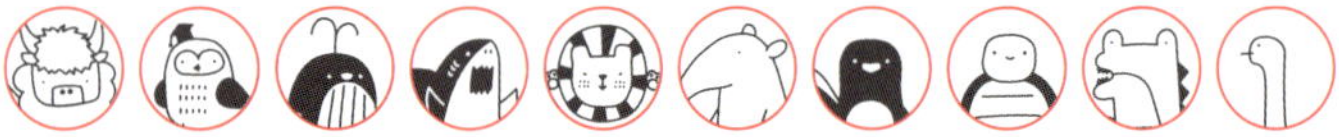

資格の大原 社労士：	@o_hara_sharoshi
資格の大原 行政書士：	@o_hara_gyosei
資格の大原 宅建士：	@o_hara_takkensi
資格の大原 診断士：	@o_hara_sindan
資格の大原 FP：	@o_hara_fp
資格の大原 実務：	@o_hara_jitsumu
資格の大原 公務員：	@o_hara_komuin
資格の大原 警察官・消防官：	@o_hara_keisho
資格の大原 国家総合職：	@o_hara_kokusou
資格の大原 解答速報：	@ohara_sokuhou

資格の大原〇〇 Twitter　検索